영어 말하기
공식 50

영어 말하기 공식 50

지은이 유은하
펴낸이 임상진
펴낸곳 (주)넥서스

초판 1쇄 발행 2022년 9월 20일
초판 5쇄 발행 2024년 7월 25일

출판신고 1992년 4월 3일 제311-2002-2호
주소 10880 경기도 파주시 지목로 5
전화 (02)330-5500 팩스 (02)330-5555

ISBN 979-11-6683-333-5 13740

www.nexusbook.com

영어회화에 꼭 필요한 것만 담았다

영어 말하기 공식 Speaking 50

유은하 지음

넥서스

영어회화! 영어 말하기 공식 50이면 반드시 성공합니다.

"영어 해석은 되는데, 도무지 말문이 안 열려요."
"막상 말하려고 하면 문장이 안 만들어져요."
"영어회화, 어떻게 해야 잘할 수 있나요?"

제가 15년 이상 영어 강의를 하면서 가장 많이 받은 질문입니다. 영어를 잘하고 싶은데 입이 트이지 않아 답답한 여러분의 마음도 충분히 이해합니다. 그런데 여기서 '영어 말하기를 잘한다'의 진짜 의미를 다시 정리할 필요가 있어요. 고급 어휘를 쓰며 막힘없이 길게 말해야 영어를 잘하는 것일까요? 사실 일상생활에서 자주 쓰는 단어와 문장 패턴은 몇 개되지 않습니다. 네이티브들도 대화할 때 쉬운 단어를 사용하고, 매일 쓰는 패턴이 정해져있거든요. 영어 말하기의 진정한 고수는 상대방과 주고받는 대화에 초점을 두기 때문에 오히려 쉽고 간결한 영어로 대화합니다.

그러니 여러분, 안심하세요. 처음부터 길고 완벽한 문장을 만들어야 한다는 부담감은 내려놓아도 됩니다.

영어회화의 반은 질문! 의문문을 알아야 말이 트인다!

대화의 시작은 질문인 경우가 많죠? 영어 의문문을 잘 만들 수 있어야 영어회화가 쉬워집니다. 의문문을 제대로 익혀두면 다른 사람이 말할 때 말이 귀에 쏙쏙 잘 들리고 영어 대화에 자신감도 생기겠죠. 이 책은 의문문을 먼저 익히고 긍정문, 부정문을 더 쉽게 만들 수있도록 구성되었습니다.

체계적인 커리큘럼으로 말하기를 위한 영문법 + 회화 패턴 + 영작

'회화를 잘하고 싶은데, 또 문법이야?'라고 생각할 수 있지만 이 책에서 다루는 것은 자신 감 있는 회화를 위한 최소한의 영문법입니다. 성인 학습자는 체계적인 내용과 순서에 의 해 더 효과적으로 어학을 공부할 수 있습니다. 많은 분들이 이미 경험을 통해 아시겠지만, 정확하게 알아야 내 입에서 자신 있게 나옵니다. 복잡한 문법 대신 회화에 꼭 필요한 개념 을 이해한 후, 최대한 많은 패턴 연습, 그리고 영작으로 마무리 하세요.

영어회화에 꼭 필요한 공식과 예문이 서로 유기적으로 연결되도록 구성하여, 독자 여러분 이 더 쉽고 재미있게 영어를 익힐 수 있도록 최대한 노력했습니다. 이 책에 회화 예문을 많 이 수록했는데 'The more, the better!' 아시죠? 최대한 영어 문장을 많이 접해야 영어가 익숙해지며 습득으로 이어집니다. 또한, 눈으로만 보는 영어는 그만! 반드시 소리 내어 말 하면서 익히는 것도 잊지 마세요. 입으로 연습해야 필요할 때 말이 내 입에서 나옵니다. 처 음에는 영어를 소리 내어 말하는 것이 굉장히 어색하고 실수도 많을 거예요. 하지만 네이 티브라도 영어를 말할 때 실수를 하죠. 누구든지 처음부터 완벽할 수 없습니다. 소리 내어 말하는 반복 연습을 통해 어제보다 오늘 더, 오늘보다 내일 더 여러분의 영어가 자연스럽 고 유창해질 거예요. 「영어 말하기 공식 50」이 매일 성장하는 여러분의 친한 친구가 되길 바랍니다. 끝으로 이 책이 나오기 까지 정성을 쏟아 주신 넥서스 출판사와 여러분께 진심 으로 감사드립니다.

저자 유은하

구성과 특징

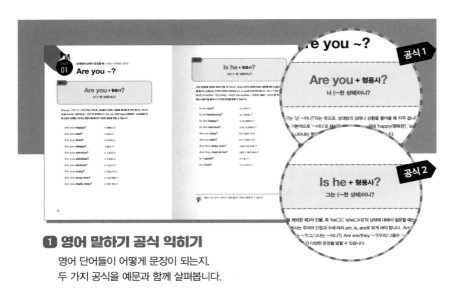

1 영어 말하기 공식 익히기

영어 단어들이 어떻게 문장이 되는지,
두 가지 공식을 예문과 함께 살펴봅니다.

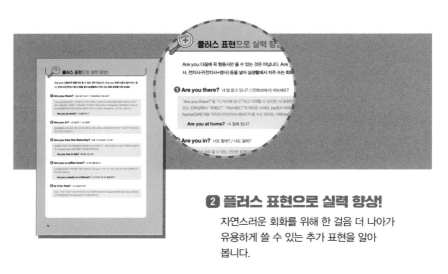

2 플러스 표현으로 실력 향상!

자연스러운 회화를 위해 한 걸음 더 나아가
유용하게 쓸 수 있는 추가 표현을 알아
봅니다.

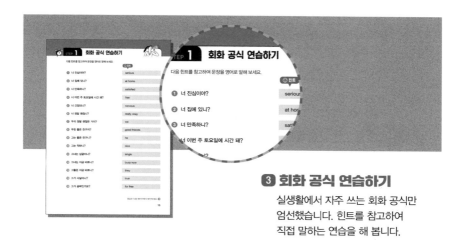

❸ 회화 공식 연습하기

실생활에서 자주 쓰는 회화 공식만
엄선했습니다. 힌트를 참고하여
직접 말하는 연습을 해 봅니다.

❹ 회화 공식 확인하기

앞에서 연습한 공식을 확인하고 다시 한 번 크게
따라 말하여 회화 실력을 키울 수 있습니다.

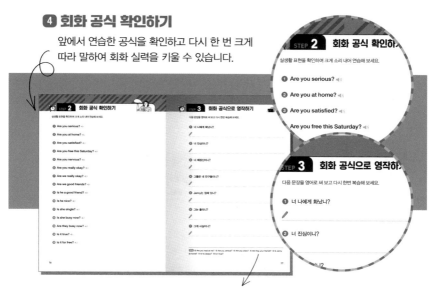

❺ 회화 공식으로 영작하기

핵심 문장을 영작해 봄으로써
다시 한 번 복습할 수 있습니다.

무료 MP3 & 강의 듣는 방법

원어민 MP3 듣기

책 속의 QR코드를 통해 모바일 페이지에서 들을 수 있고 넥서스북 홈페이지
(www.nexusbook.com)에서 전체 무료 다운로드할 수 있습니다.

스마트폰에 QR코드 리더를 설치하여
책 속의 QR코드를 인식하면
원어민 MP3를 바로 들을 수 있습니다.

저자 ▶ 유튜브 강의 보기

책 속의 QR코드를 통해 들어가거나 저자 유튜브에 방문하면 관련 영상 및 다양한 학습 콘텐츠를
확인할 수 있습니다.

저자 유튜브

목차

영어 말하기
공식 Speaking
50

상대방의 상태가 궁금할 때: be동사 현재형 의문문

Are you ~?

Are you + 형용사?

너 (~한 상태)이니?

Are you ~?는 '넌 ~이니?'라는 뜻으로, 상대방의 상태나 상황을 물어볼 때 자주 씁니다. 여기서 be동사 are는 기본적으로 '~이다'로 해석합니다. Are you 뒤에 'happy(행복한)', 'sad(슬픈)'처럼 감정과 상태를 나타내는 형용사를 붙이면 다양한 질문을 만들 수 있습니다.

Are you **happy?**	너 행복하니?
Are you **sad?**	너 슬프니?
Are you **tired?**	너 피곤하니?
Are you **sleepy?**	너 졸리니?
Are you **nervous?**	너 긴장되니?
Are you **satisfied?**	너 만족하니?
Are you **serious?**	너 진심이니?
Are you **crazy?**	너 제정신이니?
Are you **busy now?**	너 지금 바쁘니?
Are you **really okay?**	너 정말 괜찮니?

Is he + 형용사?

그는 (~한 상태)이니?

나와 상대방을 제외한 제3의 인물, 즉 'he(그)', 'she(그녀)'의 상태에 대해서 질문할 때는 be동사 is 를 씁니다. be동사는 주어의 인칭과 수에 따라 am, is, are로 맞게 써야 합니다. Am I ~?(내가 ~ 이니?), Is he/she ~?(그/그녀는 ~이니?), Are we/they ~?(우리/그들은 ~이니?) 등 주어에 맞는 be동사를 붙여서 더 다양한 문장을 말할 수 있습니다.

Is he nice?	그는 착하니?
Is he handsome?	그는 잘생겼니?
Is she happy?	그녀는 행복하니?
Is she nervous?	그녀는 초조해하니?
Are we okay?	우리 괜찮은 거지?
Are we safe?	우리 안전한 거지?
Are they busy now?	그들은 지금 바쁘니?
Are they mad at me?	그들은 나에게 화났니?
Is it good?	그거 좋니?
Is it true?	그거 사실이니?

 문장에 now(지금), really(정말로)와 같은 부사를 이용하면 더 다양한 말을 할 수 있습니다.

플러스 표현으로 실력 향상!

Are you 다음에 꼭 형용사만 올 수 있는 것은 아닙니다. Are you 뒤에 다음과 같이 부사, 명사, 전치사구(전치사+명사) 등을 넣어 실생활에서 자주 쓰는 회화 표현을 익혀 보세요.

1 Are you there? 내 말 듣고 있니? / (전화상에서) 여보세요?

"Are you there?"을 "너 거기에 있니?"라고 직역할 수 있지만, 이 표현은 대화 도중에 "내 말 듣고 있니?" 또는 전화상에서 "계세요?", "여보세요?"의 의미로 쓰여요. be동사 뒤에 'there(거기에)'처럼 부사 또는 'at home(집에)'처럼 '전치사구(전치사+명사)'가 올 수도 있어요. 이때 be동사는 '있다'라는 뜻입니다.

    Are you at home? 너 집에 있니?

2 Are you in? 너도 할래? / 너도 낄래?

일상생활에서 자주 쓸 수 있는 간단한 표현이죠. 어떤 모임이나 파티에 "참석할 거지?", "올 거지?"라는 의미로도 쓰이는 표현입니다.

3 Are you free this Saturday? 이번 주 토요일에 시간 돼?

상대방이 시간이 되는지 물어볼 때 가장 많이 쓰는 표현입니다. "~할 시간 돼?"라고 좀 더 구체적으로 말하려면 "Are you free to+동사원형?"으로 물어보면 됩니다.

    Are you free to talk? 얘기할 시간 돼?

4 Are you a coffee lover? 너 커피 좋아하니?

a coffee lover는 '커피 애호가'라는 뜻입니다. "Are you ~?"는 "넌 ~이니?"라는 뜻이므로, 뒤에 명사 표현이 올 수 있습니다.

    Are you a leader or a follower? 넌 리더야, 아니면 팔로워야?

5 Is it for free? 그거 공짜인가요?

"Is it ~?"은 "그것은 ~입니까?"라는 뜻으로, 주어에 따라 달라지는 be동사에 주의하세요. 무료로 제공되는 것인지 물어볼 때 "Is it for free?"라고 말하면 됩니다.

다음 힌트를 참고하여 문장을 영어로 말해 보세요.

😊 **힌트**

1 너 진심이야? — serious

2 너 집에 있니? — at home

3 너 만족하니? — satisfied

4 너 이번 주 토요일에 시간 돼? — free

5 너 긴장되니? — nervous

6 너 정말 괜찮니? — really okay

7 우리 정말 괜찮은 거지? — we

8 우린 좋은 친구지? — good friends

9 그는 좋은 친구니? — he

10 그는 착하니? — nice

11 그녀는 싱글이니? — single

12 그녀는 지금 바쁘니? — busy now

13 그들은 지금 바쁘니? — they

14 그거 사실이니? — true

15 그거 공짜인가요? — for free

정답은 다음 페이지에서 확인하세요. ➔

15

STEP 2 회화 공식 확인하기

실생활 표현을 확인하며 크게 소리 내어 연습해 보세요.

1 **Are you serious?** 🔊

2 **Are you at home?** 🔊

3 **Are you satisfied?** 🔊

4 **Are you free this Saturday?** 🔊

5 **Are you nervous?** 🔊

6 **Are you really okay?** 🔊

7 **Are we really okay?** 🔊

8 **Are we good friends?** 🔊

9 **Is he a good friend?** 🔊

10 **Is he nice?** 🔊

11 **Is she single?** 🔊

12 **Is she busy now?** 🔊

13 **Are they busy now?** 🔊

14 **Is it true?** 🔊

15 **Is it for free?** 🔊

다음 문장을 영어로 써 보고 다시 한 번 복습해 보세요.

1 너 나에게 화났니?

🖊

2 너 진심이니?

🖊

3 너 제정신이니?

🖊

4 그들은 네 친구들이니?

🖊

5 Jenny는 집에 있니?

🖊

6 그는 졸리니?

🖊

7 그게 사실이니?

🖊

정답 **1** Are you mad at me? **2** Are you serious? **3** Are you crazy? **4** Are they your friends? **5** Is Jenny at home? **6** Is he sleepy? **7** Is it true?

내가 누구인지, 나의 상태를 설명할 때: be동사 현재형 긍정문

I'm ~.

공식 1

I'm + 형용사.

난 (~한 상태)야.

영어의 기본 표현인 I am ~은 보통 I'm ~으로 축약해서 말합니다. 나에 대해 말하고 싶을 때
I'm ~으로 시작하고, 'happy(행복한)'라는 형용사를 붙여 줍니다. happy는 '행복하다'가 아니라
'행복한'이란 뜻이기 때문에 '~이다'의 뜻을 나타내는 be동사와 함께 써야 합니다.

I'm happy.	난 행복해.
I'm nervous.	난 초조해.
I'm okay.	난 괜찮아.
I'm confused.	난 헷갈려.
I'm so tired.	난 너무 피곤해.
I'm so sleepy.	난 너무 졸려.
I'm a little upset.	난 좀 화가 나.
I'm a little tied up.	난 좀 바빠.
I'm totally bored.	난 완전 지루해.
I'm totally fine now.	난 이제 완전 괜찮아.

You are + 형용사.

넌 (∼한 상태)야.

다양한 주어에 따라 be동사도 달라집니다. You are = You're, We are = We're, She is = She's, He is = He's, They are = They're, We are = We're, It is = It's를 이용해서 '나' 말고 다른 사람 또는 다른 것에 대해 말할 수 있어요.

You're awesome.	넌 정말 멋져.
You're so kind.	넌 아주 친절해.
She's nice.	그녀는 착해.
She's beautiful.	그녀는 아름다워.
He's really picky.	그는 정말 까다로워.
He's generous.	그는 관대해.
We're happy.	우리는 행복해.
They're ready.	그들은 준비되었어.
It's great.	그건 훌륭해.
It's totally unfair.	그건 완전 불공평해.

 형용사 앞에 'so(매우, 너무)', 'a little(조금, 약간)', 'totally(완전히)' 등의 부사를 붙여 더 자연스러운 구어체를 만들 수 있어요.

플러스 표현으로 실력 향상!

"I'm ~.", "You're ~." 뒤에 꼭 형용사만 올 수 있는 것은 아닙니다. be동사 뒤에 부사, 명사, 전치사구(전치사+명사) 등을 넣어 실생활에서 자주 쓰는 회화 표현을 익혀 보세요.

❶ I'm here. 나 여기 있어. / 나 왔어.

"I'm here."는 상황에 따라 의미가 다를 수 있어요. "내가 여기 있잖아.", "나 여기 있어." 등의 뜻이 있죠. 뒤에 'to+동사원형'을 넣어서 "I'm here to see you.(나 너 보러 여기 왔어.)"라고 뭘 하러 왔는지 구체적으로 표현할 수 있어요.

❷ I'm back. 다녀왔습니다.

"I'm back."은 귀가할 때 쓸 수 있는 표현입니다. "다시 오겠습니다.", "돌아올게요."라고 할 때는 "I'll be back."이라고 말합니다.

❸ I'm Jenny. I'm a pianist. 난 제니야. 난 피아니스트야.

I'm 뒤에 이름 또는 신분을 나타내는 명사를 붙여 내가 누구인지 표현할 수 있어요.

He's a doctor. 그는 의사야.
We're friends. 우리는 친구야.

❹ He's my type. 그는 내 스타일이야.

여기서 my type은 '내가 좋아하는 스타일의 사람'이라는 뜻입니다. style을 쓰지 않는다는 것에 주의하세요.

I'm into him. He's my type. 난 그에게 반했어. 그는 내 스타일이야.

❺ I'm in trouble. 나 큰일 났어.

'in trouble'은 '문제 속에' 있다는 뜻이므로 "I'm in trouble." 하면 "나 큰일 났어.", "나 곤란한 상황에 처해 있어."라는 말이 돼요. 영어에는 이렇게 전치사구(전치사+명사)를 활용한 회화 표현이 많아요.

I'm on your side. 난 네 편이야.
It's for you. 너를 위한 거야.

 회화 공식 연습하기

다음 힌트를 참고하여 문장을 영어로 말해 보세요.

😊 힌트

1 난 조금 긴장돼.   a little, nervous

2 난 조금 헷갈려.   confused

3 난 너무 지루해.   so, bored

4 난 좀 바빠.   tied up

5 난 이제 완전 괜찮아.   totally, fine, now

6 나 큰일 났어.   in trouble

7 난 아주 신나.   excited

8 넌 착해.   nice

9 넌 정말 멋져.   awesome

10 그는 정말 관대해.   really, generous

11 그녀는 아주 친절해.   kind

12 우리는 좋은 친구야.   good friends

13 이거 완전 훌륭해.   awesome

14 난 네 편이야.   on your side

15 그건 중요해.   important

정답은 다음 페이지에서 확인하세요. ➡

21

실생활 표현을 확인하며 크게 소리 내어 연습해 보세요.

1 I'm a little nervous. 🔊

2 I'm a little confused. 🔊

3 I'm so bored. 🔊

4 I'm a little tied up. 🔊

5 I'm totally fine now. 🔊

6 I'm in trouble. 🔊

7 I'm so excited. 🔊

8 You're nice. 🔊

9 You're awesome. 🔊

10 He's really generous. 🔊

11 She's so kind. 🔊

12 We're good friends. 🔊

13 This is totally awesome. 🔊

14 I'm on your side. 🔊

15 It's important. 🔊

 STEP **3** 회화 공식으로 영작하기

다음 문장을 영어로 써 보고 다시 한 번 복습해 보세요.

1 난 지금 좀 바빠.

✏ ....

2 이거 완전 멋져.

✏ ....

3 난 너무 피곤해.

✏ ....

4 그녀는 아주 아름다워.

✏ ....

5 그녀는 내 스타일이야.

✏ ....

6 나 큰일 났어.

✏ ....

7 그는 관대해.

✏ ....

정답 **1** I'm a little tied up. **2** This is totally awesome. **3** I'm so tired. **4** She's so beautiful. **5** She's my type. **6** I'm in trouble. **7** He's generous.

아닌 건 아니라고 말할 때: be동사 현재형 부정문

I'm not ~.

I'm not + 형용사.
난 (~한 상태가) 아니야.

"난 아프지 않아.", "난 배고프지 않아."처럼 내가 어떤 상태가 아니라고 말할 때 I am 뒤에 not을 붙여서 부정문을 만들 수 있어요. 주로 I am not ~을 I'm not ~으로 줄여서 말합니다.

I'm not free.	나 한가하지 않아.
I'm not ready yet.	나 아직 준비되지 않았어.
I'm not busy.	난 바쁘지 않아.
I'm not sick.	난 아프지 않아.
I'm not nervous.	난 떨리지 않아.
I'm not bored.	난 지루하지 않아.
I'm not scared.	난 무섭지 않아.
I'm not okay.	난 괜찮지 않아.
I'm not hungry.	난 배고프지 않아.
I'm not satisfied.	난 만족스럽지 않아.

You're not ~.

넌 ~이 아니야/하지 않아.

be동사 부정문은 be동사 뒤에 'not'만 붙여 주면 됩니다. 줄임말은 다음과 같이 두 가지 방식으로 쓸 수 있습니다. You're not = You aren't, We're not = We aren't, He's not = He isn't, She's not = She isn't, They're not = They aren't, It's not = It isn't

You're not **alone.**	넌 혼자가 아니야.
You're not **late.**	너 늦지 않았어.
She's not **happy.**	그녀는 행복하지 않아.
She's not **here.**	그녀는 여기에 없어.
He's not **short.**	그는 키가 작지 않아.
He's not **my type.**	그는 내 스타일이 아니야.
It's not **free.**	그건 공짜가 아니야.
It's not **easy.**	그건 쉬운 게 아니야.
That's not **a good idea.**	그건 좋은 생각이 아니야.
That's not **nice.**	그건 좋지 않아. / 너무하네.

 형용사 대신 명사나 전치사구 등을 붙여서 다양한 표현을 할 수 있어요.

플러스 표현으로 실력 향상!

"I'm not ~.", "You're not ~.", "It's not ~.", "That's not ~" 등으로 회화에서 자주 쓰는 문장을 말해 보세요.

❶ I'm not in the mood for joking. 나 농담할 기분 아니야.

"I'm in the mood for ~."는 "난 ~하고 싶은 기분이야."라는 뜻이에요.

I'm in the mood for iced coffee. 난 아이스커피가 당겨.
I'm not in the mood for dancing. 난 춤출 기분 아니야.

❷ I'm not that naive. 난 그렇게 순진하지 않아.

형용사 앞에 'that'을 쓰면 '그렇게', '그만큼'이라는 의미로 수식어 역할을 합니다.

He's not that rich. 그는 그렇게 부자는 아니야.
She's not that tall. 그녀는 그렇게 키가 큰 건 아니야.

❸ It's not you. 너답지 않아.

"It's not you."를 직역하면 "그건 네가 아니야."라는 뜻이죠. 즉, "그건 너답지 않아."라는 의미입니다.

❹ It's not good enough. 이걸로는 부족해.

not good enough는 '충분히 좋지 않은'이란 뜻으로, '만족할 정도가 아닌', '부족한'이라는 의미입니다.

I'm not good enough for you. 난 너에게 부족한 사람이야.

❺ That's not true. 그건 그렇지 않아.

상대방의 말이 맞지 않거나 사실이 아닐 때 응답하는 표현으로 자주 쓰는 문장이에요.

That's not true at all. 전혀 그렇지 않아.

다음 힌트를 참고하여 문장을 영어로 말해 보세요.

😊 **힌트**

1 난 졸리지 않아.　　　　　　sleepy

2 난 외롭지 않아.　　　　　　lonely

3 난 한가하지 않아.　　　　　free

4 난 만족스럽지 않아.　　　　satisfied

5 넌 키가 크지 않아.　　　　　tall

6 넌 혼자가 아니야.　　　　　alone

7 그녀는 그렇게 순진하지 않아.　naive

8 그는 여기에 없어.　　　　　here

9 그는 내 친구가 아니야.　　　my friend

10 그들은 전혀 바쁘지 않아.　　busy, at all

11 우린 수업에 늦지 않았어.　　late for class

12 그건 내 잘못이 아니야.　　　it, my fault

13 그건 불공평해.　　　　　　it, fair

14 그건 좋지 않아.　　　　　　that, nice

15 그거 안 웃겨.　　　　　　　that, funny

정답은 다음 페이지에서 확인하세요. ➡

27

회화 공식 확인하기

실생활 표현을 확인하며 크게 소리 내어 연습해 보세요.

1 I'm not sleepy.

2 I'm not lonely.

3 I'm not free.

4 I'm not satisfied.

5 You're not tall.

6 You're not alone.

7 She's not that naive.

8 He's not here.

9 He's not my friend.

10 They're not busy at all.

11 We're not late for class.

12 It's not my fault.

13 It's not fair.

14 That's not nice.

15 That's not funny.

 STEP **3** 회화 공식으로 영작하기

다음 문장을 영어로 써 보고 다시 한 번 복습해 보세요.

1 난 피곤하지 않아.

🖉 ....

2 너답지 않아.

🖉 ....

3 난 괜찮지 않아.

🖉 ....

4 나 농담할 기분 아니야.

🖉 ....

5 그건 좋은 생각이 아니야.

🖉 ....

6 그는 그렇게 똑똑하지는 않아.

🖉 ....

7 그건 네 잘못이 아니야.

🖉 ....

정답 **1** I'm not tired. **2** It's not you. **3** I'm not okay. **4** I'm not in the mood for joking. **5** That's not a good idea. **6** He's not that smart. **7** It's not your fault.

29

UNIT 04

상대방이 과거에 어땠는지 궁금할 때: be동사 과거형 의문문

Were you ~?

공식 1

Were you ~?

넌 ~이었니?

"너 어제 바빴니?", "너 피곤했니?", "너 집에 있었니?"처럼 상대방의 과거 상태나 상황에 대해 물어볼 때 Were you ~?를 이용하면 됩니다. be동사 are의 과거형은 were이므로 이미 지나간 과거에 대해 물어볼 때는 Were you ~?로 시작하세요. 뒤에는 형용사, 명사, 전치사구를 다양하게 사용할 수 있습니다.

Were you nervous?	너 긴장했었니?
Were you upset?	너 속상했니?
Were you bored?	너 지루했니?
Were you confident?	너 자신 있었니?
Were you disappointed?	너 실망했었니?
Were you worried about me?	너 내 걱정했니?
Were you at home?	너 집에 있었니?
Were you at the office?	너 사무실에 있었니?
Were you in your room?	너 네 방에 있었니?
Were you a good student?	너 좋은 학생이었니?

Was it ~?

그거 ~이었니?

be동사 am, is의 과거형은 was이고, are의 과거형은 were입니다. "그거 재미있었니?", "내가 너무 지나쳤니?"처럼 이미 지나간 상태나 상황에 대해 물어볼 때 be동사 과거형으로 시작하면 됩니다. 주어의 인칭이나 수에 따라 적절한 be동사를 골라서 사용하세요.

Was it good?	그거 좋았니?
Was it too late?	너무 늦었었니?
Was it shocking?	그건 충격이었니?
Was it interesting?	그거 재미있었니?
Was I too much?	내가 너무 심했니?
Was I mistaken?	내가 잘못 알고 있었니?
Was he nice to you?	그는 너에게 착하게 대해 줬니?
Was she picky?	그녀는 까다로웠니?
Were they your friends?	그들은 네 친구였니?
Were they with you?	그들은 너와 있었니?

at home(집에), in your room(네 방 안에), with you(너와 함께) 등 전치사구를 적절히 사용하면 다양한 말을 할 수 있어요.

플러스 표현으로 실력 향상!

자주 쓰지만 헷갈리는 단어 표현들을 be동사 과거형 의문문인 "Were you ~?", "Was he ~?", "Was it ~?" 등의 공식으로 익혀 보세요.

1 Was I right? 내가 맞았어? / 내가 옳았어?

내 말이나 내가 한 행동이 맞는지 확인하며 물어볼 때 쓰는 말이에요.

2 Was he boring? 그가 지루하게 했니?

동사 bore는 '지루하게 하다', '따분하게 하다' 라는 뜻이므로 boring은 '지루하게 하는', '재미없는'이라는 뜻입니다. "Was he boring?"이라고 하면 "그가 (말을 너무 많이 하는 등) 지루하게 했니?"라는 의미입니다.

3 Was he bored? 그가 지루해했니?

기본적으로 과거분사(p.p.)는 '~된', '~해진'이라는 형용사 뜻으로, 사람 주어가 어떤 감정을 느끼게 되었을 때 과거분사를 사용해서 표현합니다. 그래서 bored라고 하면 '지루해하는', '따분해하는'이라는 뜻이 됩니다.

　　Was she disappointed? 그녀는 실망했었니?

4 Was it exciting? 그거 재미있었어?

exciting과 excited 이 두 단어 역시 구분해서 써야 하죠. 운동 경기, 영화, 공연 등이 신나고 흥미진진했는지를 물어볼 때는 "Was it exciting?"이라고 하고, "너 신났었니?"라고 상대방의 감정을 물어볼 때는 "Were you excited?"라고 합니다.

5 Were you drunk? 너 술 취했었니?

drunk와 drunken은 모두 형용사로, '술이 취한'이라는 뜻입니다. 하지만 drunken은 drunk처럼 서술적으로 쓸 수 없고, 명사를 꾸밀 때만 사용됩니다. drunk는 "Are you drunk?(너 술 취했니?)", "Were you drunk?(너 술 취했었니?)"라고 말할 때 쓰입니다.

　　A drunken man talked to me. 술 취한 사람이 나에게 말했어.

 **STEP 1** **회화 공식 연습하기**

다음 힌트를 참고하여 문장을 영어로 말해 보세요.

😊 **힌트**

1 너 나 때문에 속상했었니?　　upset

2 너 피곤했었니?　　tired

3 너 어제 바빴니?　　busy

4 너 거기 있었니?　　there

5 그는 집에 있었니?　　at home

6 그는 그 파티에 있었니?　　at the party

7 그녀는 좋은 학생이었니?　　a good student

8 그녀는 네 친구였니?　　friend

9 그들은 만족했니?　　satisfied

10 그들이 잘못 알고 있었니?　　mistaken

11 그거 좋았니?　　good

12 그거 재미있었니?　　interesting

13 그거 너무 비쌌니?　　too, expensive

14 내가 너무 심했니?　　too much

15 내가 지루하게 했니?　　boring

정답은 다음 페이지에서 확인하세요. ➔

실생활 표현을 확인하며 크게 소리 내어 연습해 보세요.

1 Were you upset about me? ◀))

2 Were you tired? ◀))

3 Were you busy yesterday? ◀))

4 Were you there? ◀))

5 Was he at home? ◀))

6 Was he at the party? ◀))

7 Was she a good student? ◀))

8 Was she your friend? ◀))

9 Were they satisfied? ◀))

10 Were they mistaken? ◀))

11 Was it good? ◀))

12 Was it interesting? ◀))

13 Was it too expensive? ◀))

14 Was I too much? ◀))

15 Was I boring? ◀))

다음 문장을 영어로 써 보고 다시 한 번 복습해 보세요.

1 내가 잘못 알고 있었니?

🖉 ....

2 그는 술 취했었니?

🖉 ....

3 그 영화는 흥미진진했니?

🖉 ....

4 너 내 걱정했니?

🖉 ....

5 그는 너에게 친절했니?

🖉 ....

6 그녀는 지루해했니?

🖉 ....

7 그들은 사무실에 있었니?

🖉 ....

정답 **1** Was I mistaken? **2** Was he drunk? **3** Was the movie exciting? **4** Were you worried about me?
5 Was he kind to you? **6** Was she bored? **7** Were they at the office?

내가 과거에 어땠는지 설명할 때: be동사 과거형 긍정문

I was ~.

공식 1

I was ~.
난 ~이었어.

이미 지나간 과거에 내가 어땠는지 설명할 때 be동사 과거형을 이용해서 I was ~로 말하면 됩니다. was 뒤에 형용사, 명사, 전치사구 등 다양한 보충어가 올 수 있어요.

I was **happy**.	난 행복했어.
I was **lucky**.	난 운이 좋았어.
I was **stupid**.	난 어리석었어.
I was **wrong**.	내가 잘못했어.
I was **sick and tired of it.**	난 그것에 진절머리가 났어.
I was **invited to the party.**	난 그 파티에 초대되었어.
I was **a good student.**	난 좋은 학생이었어.
I was **a novice then.**	난 그때 초보였어.
I was **at work.**	난 직장에 있었어.
I was **in Rome then.**	난 그때 로마에 있었어.

You were ~.

넌 ~이었어.

주어에 따라 달라지는 be동사에 익숙해져야 다양한 문장을 빠르게 말할 수 있어요. You were ~, We were ~, They were ~, He was ~, She was ~, It was ~ 등을 잘 외워 두고 주어에 맞게 사용하세요.

You were **right**.	네가 옳았어.
You were **too young**.	넌 너무 어렸어.
You were **great**.	넌 대단했어.
He was **handsome**.	그는 잘생겼었어.
He was **nice to me**.	그는 나에게 잘해 줬어.
She was **famous for her beauty**.	그녀는 미모로 유명했어.
She was **loved by everyone**.	그녀는 모든 사람에게 사랑받았어.
It was **okay**.	그거 괜찮았어.
It was **good**.	그거 좋았어.
It was **nothing**.	그거 아무것도 아니었어.

 여기서 나온 invited는 '초대된'이라는 의미의 과거분사입니다. be동사 뒤에 과거분사(p.p.)를 붙이면 '~되다'라는 수동태 문장이 됩니다.

플러스 표현으로 실력 향상!

"It was ~.", "That was ~."로 시작하는 일상생활에서 자주 쓰는 유용한 표현들을 익혀 보세요.

❶ It was my pleasure. 별거 아니에요.

직역하면 "그것은 내 기쁨이었다."인데, 이 말은 내 도움을 받고 감사해하는 상대방에게 예의 있게 답변하는 표현입니다.

> A: Thank you so much for helping me. 도와주셔서 정말 감사해요.
> B: It was my pleasure. 별거 아니에요.

❷ It was good to see you. 만나서 반가웠어요.

누군가와 만남 후 헤어질 때 쓰는 표현입니다. "It was really nice meeting you."도 많이 사용하니 함께 알아 두세요.

❸ It was shocking. 그건 충격적이었어.

어떤 일에 대한 감상이나 느낌을 이야기할 때 "It was -ing."로 표현할 수 있어요.

> It was interesting. 그건 흥미로웠어.
> It was surprising. 그건 놀라웠어.

❹ It was worth it. 그건 그만한 가치가 있었어.

worth는 '~할 가치가 있는'이라는 뜻입니다. 어떤 일이 수고한 보람이 있었을 때, 해 볼만 한 일이었을 때 "It was worth it."이라는 표현을 자주 씁니다.

❺ That was close. 아슬아슬했어. / 큰일 날 뻔했어.

여기서의 close는 '가까운'이라는 의미인데, "That was close."라고 하면 "그건 가까웠어."라고 직역하기보다 "아슬아슬했어.", "큰일 날 뻔했어."라고 생각해야 해요. 안 좋은 일이 일어나기 직전에 그 일을 모면하게되었을 때 사용합니다. 같은 의미로 "That was a close one.", "That was a close call."도 자주 씁니다. 이때 call은 운동 경기에서 심판의 판정을 뜻해요. '아슬아슬한 판정', 즉 '위기일발의 순간'이었다는 뜻이죠.

38

다음 힌트를 참고하여 문장을 영어로 말해 보세요.

😊 **힌트**

1 난 아주 떨렸어.
> nervous

2 난 아주 어리석었어.
> stupid

3 난 자신 있었어.
> confident

4 난 그의 생일파티에 초대받았어.
> invited

5 난 그때 초보였어.
> novice

6 네 말이 맞았어.
> right

7 넌 아주 멋졌어.
> awesome

8 그는 모든 사람에게 사랑받았어.
> loved, by

9 그는 나에게 아주 잘해 줬어.
> nice

10 그녀는 운이 좋았어.
> lucky

11 그녀는 대단했어.
> amazing

12 우린 그것에 진절머리가 났어.
> sick and tired

13 그건 그럴 만한 가치가 있었어.
> worth it

14 그거 좋았어.
> good

15 아슬아슬했어.
> close

정답은 다음 페이지에서 확인하세요. ➜

실생활 표현을 확인하며 크게 소리 내어 연습해 보세요.

1. I was so nervous.

2. I was so stupid.

3. I was confident.

4. I was invited to his birthday party.

5. I was a novice then.

6. You were right.

7. You were awesome.

8. He was loved by everyone.

9. He was so nice to me.

10. She was lucky.

11. She was amazing.

12. We were sick and tired of it.

13. It was worth it.

14. It was good.

15. That was close.

다음 문장을 영어로 써 보고 다시 한 번 복습해 보세요.

❶ 만나서 반가웠어요.

🖉 ....

❷ 그녀는 나에게 아주 잘해 줬어.

🖉 ....

❸ 그건 충격적이었어.

🖉 ....

❹ 난 운이 좋았어.

🖉 ....

❺ 그는 그때 초보였어.

🖉 ....

❻ (도움을 주고 나서) 별거 아니에요.

🖉 ....

❼ 우린 너무 어렸어.

🖉 ....

정답 ❶ It was good to see you. ❷ She was so nice to me. ❸ It was shocking. ❹ I was lucky. ❺ He was a novice then. ❻ It was my pleasure. ❼ We were too young.

지나간 과거에 대해 아니라고 말할 때: be동사 과거형 부정문

I wasn't ~.

I wasn't ~.
난 ~이 아니었어/하지 않았어.

지나간 과거에 대해 아니라고 말할 때 be동사 과거형 부정문이 필요합니다. I was not ~ 이렇게 be동사 뒤에 not만 붙여 주면 됩니다. 말할 때는 주로 wasn't으로 축약해서 사용합니다.

I wasn't sure.	난 확신하지 않았어.
I wasn't serious.	난 진지하지 않았어. / 장난이었어.
I wasn't that happy.	난 그다지 행복하지 않았어.
I wasn't late for class.	난 수업에 지각하지 않았어.
I wasn't aware of it.	난 그것을 모르고 있었어.
I wasn't ready for that.	난 그럴 준비가 안 됐어.
I wasn't invited.	난 초대받지 않았어.
I wasn't disappointed.	난 실망하지 않았어.
I wasn't there.	난 거기 없었어.
I wasn't with them.	난 그들과 함께 있지 않았어.

You weren't ~.

넌 ~이 아니었어/하지 않았어.

"넌 솔직하지 않았어.", "그건 네 잘못이 아니었어."처럼 다른 주어의 과거 상황에 대해 아니라고 말할 때는 적절한 be동사가 필요합니다. 회화에서는 주로 was not은 wasn't로, were not은 weren't로 줄여서 말합니다.

You weren't wrong.	넌 틀리지 않았어.
You weren't honest.	넌 솔직하지 않았어.
You weren't ready.	넌 준비되지 않았어.
He wasn't well.	그는 건강하지 않았어.
He wasn't drunk.	그는 취하지 않았었어.
She wasn't shocked.	그녀는 충격 받지 않았어.
She wasn't on my side.	그녀는 내 편이 아니었어.
It wasn't your fault.	그건 네 잘못이 아니었어.
It wasn't easy.	그건 쉽지 않았어.
It wasn't that good.	그건 그다지 좋지 않았어.

---

 be on one's side라고 하면 '~의 편이다'라는 뜻입니다. **side**가 '쪽', '측'이라는 의미가 있어요.

플러스 표현으로 실력 향상!

be동사 뒤에 다양한 단어를 연결해서 일상생활에서 많이 쓰는 문장을 익혀 보세요. 부정문 만들기에도 익숙해져야 영어 말하기도 쉬워집니다.

❶ I wasn't born yesterday. 나 바보 아니야. / 날 만만하게 보지 마.

"I wasn't born yesterday."는 직역하면 "난 어제 태어나지 않았어."라는 뜻이죠. 그러니 "날 만만하게 보지 마."라는 뜻입니다. '다 안다', '아무것도 모르는 사람 취급하지 말라'는 의미로 이 문장을 씁니다.

❷ He wasn't available. 그를 만날 수 없었어.

available을 사람 주어와 함께 쓰면 '시간이 있는'이라는 뜻입니다. "He wasn't available."이라고 하면 "그는 시간 여유가 없어서 사람들을 만날 수 없었다."라는 의미가 돼요.

❸ It wasn't mine. 그건 내 것이 아니었어.

be동사 뒤에는 형용사뿐만 아니라 명사 형태의 단어도 올 수 있어요. 대명사 mine(나의 것), yours(너의 것), ours(우리의 것) 등의 단어를 붙여 다양한 문장을 말할 수 있어요.

It wasn't yours. 그건 네 것이 아니었어.
It wasn't ours. 그건 우리 것이 아니었어.

❹ I wasn't a big fan of that TV series. 난 그 TV 시리즈를 별로 좋아하지 않았어.

뭔가를 별로 좋아하지 않을 때 원어민들은 'not a big fan of ~'라는 표현을 즐겨 씁니다.

I wasn't a big fan of sports. 난 스포츠는 별로 좋아하지 않았어.

❺ I wasn't interested in the film. 난 그 영화에 관심이 없었어.

어떤 것에 관심이 있을 때 'be interested in ~'의 표현을 씁니다. 구체적으로 무엇에 관심이 있는지는 in 뒤에 명사를 붙여서 표현합니다.

I wasn't interested in her. 난 그녀에게 관심이 없었어.
She wasn't interested in me at first. 그녀는 처음에는 나에게 관심이 없었어.

다음 힌트를 참고하여 문장을 영어로 말해 보세요.

😊 힌트

1 난 진지하지 않았어. | serious

2 난 배고프지 않았어. | hungry

3 난 직장에 지각하지 않았어. | late for work

4 난 전혀 실망하지 않았어. | disappointed, at all

5 난 그와 함께 있지 않았어. | with him

6 난 그의 편이 아니었어. | on his side

7 넌 거기 없었어. | there

8 넌 초대받지 않았어. | invited

9 그는 술에 취하지 않았었어. | drunk

10 그녀는 그것을 모르고 있었어. | aware

11 그건 네 잘못이 아니었어. | your fault

12 그건 그다지 비싸지 않았어. | expensive

13 그건 내 것이 아니었어. | mine

14 나 어제 태어나지 않았어. / 나 바보 아니야. | born

15 난 스포츠를 별로 좋아하지 않았어. | a big fan

정답은 다음 페이지에서 확인하세요. ➡

실생활 표현을 확인하며 크게 소리 내어 연습해 보세요.

1 I wasn't serious.

2 I wasn't hungry.

3 I wasn't late for work.

4 I wasn't disappointed at all.

5 I wasn't with him.

6 I wasn't on his side.

7 You weren't there.

8 You weren't invited.

9 He wasn't drunk.

10 She wasn't aware of it.

11 It wasn't your fault.

12 It wasn't that expensive.

13 It wasn't mine.

14 I wasn't born yesterday.

15 I wasn't a big fan of sports.

다음 문장을 영어로 써 보고 다시 한 번 복습해 보세요.

1 난 처음에 그에게 관심이 없었어.

✎ ....

2 그를 만날 수 없었어.

✎ ....

3 난 확신하지 않았어.

✎ ....

4 그녀는 그다지 행복하지 않았어.

✎ ....

5 그는 수업에 지각하지 않았어.

✎ ....

6 우리는 그럴 준비가 안 돼 있었어.

✎ ....

7 그들은 전혀 술에 취하지 않았었어.

✎ ....

정답 **1** I wasn't interested in him at first. **2** He wasn't available. **3** I wasn't sure. **4** She wasn't that happy. **5** He wasn't late for class. **6** We weren't ready for that. **7** They weren't drunk at all.

상대방이 평소에 하는 일이 궁금할 때: 일반동사 현재형 의문문

Do you ~?

공식 1

Do you + 동사원형?

넌 ~하니?

"Do you work out?(너 운동하니?)"은 평상시에 반복적, 습관적으로 운동을 하는지를 물어보는 문장입니다. 'Do you+동사원형?' 형태로 말하면 상대방이 일상적 또는 습관적으로 어떤 행동을 하고 있는지 묻는 표현입니다. 늘 하는 일, 변하지 않는 사실을 현재형으로 표현해요.

Do you work out every day?	넌 매일 운동하니?
Do you live near here?	넌 이 근처에 사니?
Do you eat breakfast?	넌 아침을 먹니?
Do you use social media?	넌 SNS를 하니?
Do you play golf?	넌 골프를 치니?
Do you study English?	넌 영어를 공부하니?
Do you always drive to work?	넌 항상 직장에 운전해서 가니?
Do you walk to school every day?	넌 매일 학교에 걸어서 가니?
Do you like Thai food?	넌 태국 음식을 좋아하니?
Do you often go to the movies?	넌 자주 영화를 보러 다니니?

Does he + 동사원형?

그는 ~하니?

문장의 주어가 '그', '그녀', '그것', 'Tom', 'Jane' 처럼 3인칭 단수로 바뀌면 일반동사 의문문은 Do 대신 Does로 시작합니다. Does he ~?, Does she ~?, Does it ~?으로 시작하는 문장에도 익숙해지도록 연습해 보세요.

Does he **work with you?**	그는 너와 함께 일하니?
Does he **drink coffee?**	그는 커피를 마시니?
Does he **speak English well?**	그는 영어를 잘 말하니?
Does he **get along with others?**	그는 다른 사람들과 잘 지내니?
Does she **like John?**	그녀는 존을 좋아하니?
Does she **go camping on the weekend?**	그녀는 주말에 캠핑하러 다니니?
Does she **take yoga lessons?**	그녀는 요가 수업을 받니?
Does it **work?**	그거 작동이 되니?
Does it **matter?**	그게 중요하니? / 문제가 되니?
Does it **make sense?**	그거 일리가 있니?

 every day(매일), **here**(여기에), **always**(항상), **often**(자주), **well**(잘) 등의 다양한 부사를 사용하면 문장을 더 풍부하게 만들 수 있어요.

플러스 표현으로 실력 향상!

일상 대화의 반은 질문이죠? 회화에서 자주 쓰는 "Do I ~?", "Do you ~?"로 시작하는 의문문을 익혀 보세요.

1 Do I know you? 저 아세요?

직역하면 "내가 당신을 아나요?"이지만, 실제 사용되는 의미는 "저를 아세요?"입니다. 영어에서는 나를 중심으로 'I'를 주어로 하는 의문문이 자주 쓰입니다.

2 Do I make myself clear? 내 말 잘 알아들었지?

'make myself clear'는 '내 생각이나 입장을 상대방에게 잘 이해시키다'라는 뜻입니다. 내가 한 말을 상대방이 잘 이해했는지 확인할 때 자주 쓰는 표현이에요.

3 Do I need a reservation? 예약을 해야 하나요?

직역하면 "난 예약이 필요한가요?"라는 말로, 구체적으로 어떤 예약인지까지 말하려면 reservation 뒤에 for를 붙여 말합니다.

Do I need a reservation for Universal Studios?
유니버설 스튜디오에 가려면 예약을 해야 하나요?

4 Do you like listening to music? 음악 듣는 거 좋아하니?

'~하는 것을 좋아한다'라고 할 때 like 뒤에 '동사+ing'또는 'to+동사원형'을 쓰면 됩니다. 회화에서는 이 둘을 크게 구분하지 않고 씁니다. 그래서 "Do you like to listen to music?"이라고 해도 같은 표현이 돼요.

5 Do you love to watch movies? 영화 보는 거 많이 좋아하니?

회화에서는 동사 love를 '정말 좋아하다'라는 뜻으로 자주 씁니다. '~하기를 정말 좋아하다'라고 할 때는 love 뒤에 '동사+ing' 또는 'to+동사원형'을 모두 쓸 수 있어요. like보다 더 강조하는 뉘앙스로 말하고 싶을 때 love를 사용하세요.

Do you love to go shopping? 쇼핑하러 가는 거 많이 좋아하니?

다음 힌트를 참고하여 문장을 영어로 말해 보세요.

😊 **힌트**

1 넌 매일 아침 커피를 마시니?   drink coffee

2 넌 항상 아침을 먹니?   have breakfast

3 넌 항상 직장에 차를 몰고 가니?   drive to work

4 넌 이탈리아 음식을 좋아하니?   like Italian food

5 넌 영어를 좋아하니?   like English

6 그는 너와 함께 영어를 공부하니?   study English

7 그는 매일 운동하니?   work out

8 그는 그의 친구들과 잘 지내니?   get along with

9 그녀는 너와 함께 일하니?   work with

10 그녀는 SNS를 하니?   use social media

11 그거 작동이 잘 되니?   work well

12 그게 정말 중요하니?   matter

13 저 아세요?   know

14 예약을 해야 하나요?   need a reservation

15 넌 온라인 쇼핑을 엄청 좋아하니?   love online shopping

정답은 다음 페이지에서 확인하세요. ➡

실생활 표현을 확인하며 크게 소리 내어 연습해 보세요.

1 Do you drink coffee every morning?

2 Do you always have breakfast?

3 Do you always drive to work?

4 Do you like Italian food?

5 Do you like English?

6 Does he study English with you?

7 Does he work out every day?

8 Does he get along with his friends?

9 Does she work with you?

10 Does she use social media?

11 Does it work well?

12 Does it really matter?

13 Do I know you?

14 Do I need a reservation?

15 Do you love online shopping?

회화 공식으로 영작하기

다음 문장을 영어로 써 보고 다시 한 번 복습해 보세요.

1 넌 여기 근처에 사니?

✎ ....

2 넌 자주 영화 보러 다니니?

✎ ....

3 넌 매일 운동하니?

✎ ....

4 그녀는 온라인 쇼핑을 엄청 좋아하니?

✎ ....

5 그는 다른 사람들과 잘 지내니?

✎ ....

6 내 말 잘 알아들었지?

✎ ....

7 그거 일리가 있니?

✎ ....

정답 **1** Do you live near here? **2** Do you often go to the movies? **3** Do you work out every day? **4** Does she love online shopping? **5** Does he get along with others? **6** Do I make myself clear? **7** Does it make sense?

내가 평소에 하는 일을 말할 때: 일반동사 현재형 긍정문

I do ~.

I + 동사원형.

난 ~해.

내가 매일 또는 주기적으로 하는 일, 행동, 습관 등은 일반동사 현재형을 이용해서 말하면 됩니다. '단순현재시제'라고 하는데, 이변이 없는 한 규칙적으로 늘 하는 일이나 변하지 않는 사실을 말할 때 사용합니다.

I **get up** at 6 in the morning.	난 아침 6시에 일어나.
I **drive** to work every morning.	난 매일 아침 운전해서 출근해.
I **go** swimming in the morning.	난 아침에 수영하러 가.
I usually **walk** to work.	난 보통 걸어서 출근해.
I **have** a light breakfast.	난 가벼운 아침 식사를 해.
I usually **get off** work at 6.	난 보통 6시에 퇴근해.
I **hang out** with my friends after work.	난 퇴근 후에 친구들과 어울려 놀아.
I **like** reading self-help books.	난 자기계발서 읽는 것을 좋아해.
I **like** to update my blog.	난 블로그 업데이트하기를 좋아해.
I **love** cooking.	난 요리하는 걸 너무 좋아해.

He + 동사원형-s/-es.

그는 ~해.

일반동사 현재형을 이용해서 다른 사람에 대해 말할 때, 그 사람이 3인칭 단수라면 동사의 형태가 바뀝니다. 일반동사의 원형에 -s 또는 -es를 붙인다는 것을 기억해 두세요.

Tom speaks Chinese very well.	톰은 중국어를 아주 잘 말해.
He works at a bank.	그는 은행에서 일해.
He plays golf on weekends.	그는 주말마다 골프를 쳐.
He talks too much.	그는 말이 너무 많아.
He often works overtime.	그는 자주 야근을 해.
Jenny takes a yoga class twice a week.	제니는 일주일에 2번 요가 수업을 받아.
She likes listening to music.	그녀는 음악 듣기를 좋아해.
She loves to watch American TV series.	그녀는 미드 보는 것을 정말 좋아해.
She works hard.	그녀는 열심히 일해.
She works hard most of the time.	그녀는 대부분의 시간을 열심히 일해.

 단순현재시제로 규칙적인 일을 말할 때는 usually(보통), on weekends(주말마다), often(자주), twice a week(일주일에 2번), most of the time(대부분의 시간) 등의 빈도수를 나타내는 표현과 자주 쓰입니다.

플러스 표현으로 실력 향상!

어떤 일에 대해서 말할 때 It 또는 That을 주어로 말하는 경우가 많아요. 회화에서 자주 쓰는 쉽고 간단한 문장들을 소리 내어 말하면서 익혀 보세요.

❶ It works. 효과가 있어.

"It works."를 "그것은 일한다."로 해석하면 뭔가 어색하죠? 회화에서 "It works."는 "기계가 작동한다.", "잘 돌아간다." 외에 더 폭넓은 의미로 많이 사용됩니다. 어떤 해결책, 제시한 대안, 계획 등이 "효과가 있어.", "제대로 작동이 돼." 등의 의미로 자주 쓰입니다.

❷ It happens. 그런 일이 일어나.

어떤 일이 생겼을 때, "그런 일은 언제든 일어날 수 있는 흔한 일이야.", "그럴 수 있지."의 의미로 그 상황을 조금 부드럽게 넘기려고 할 때 "It happens."라고 자주 말합니다.

    It happens all the time. 항상 있는 일이야.

❸ It takes time. 시간이 걸려요.

뭔가를 하는 데 시간이 많이 필요하다고 말할 때 쓰는 표현입니다. "It takes time to+동사원형."을 쓰면 "~ 하는 데 시간이 걸려."라고 구체적으로 말할 수 있어요.

    It takes time to achieve a goal. 목표를 달성하는 데는 시간이 걸려.

❹ That makes sense. 그거 말 되네.

상대방의 말을 듣고 "맞는 말이야.", "일리가 있어."라고 맞장구치거나 동의할 때 자주 쓰는 문장입니다. 뭔가 잘 몰랐던 일들이 나중에야 이해가 되었을 때 주로 사용할 수 있습니다.

    It all makes sense now. 이제 그게 다 말이 되네.

❺ That makes two of us. 나도 마찬가지야.

"I agree."와 비슷한 표현으로, "나도 같은 생각이야."라는 의미로 회화에서 자주 쓰는 표현입니다. 어떤 상황이 우리를 같은 처지의 두 사람(two of us)으로 만든다는 뜻이에요.

    A: I'd like to work in LA. 난 LA에서 일하고 싶어요.
    B: That makes two of us. 나도 마찬가지예요.

다음 힌트를 참고하여 문장을 영어로 말해 보세요.

☺ **힌트**

❶ 난 매일 영어를 공부해.   study English

❷ 난 아침에 조깅하러 가.   go jogging

❸ 난 가벼운 점심 식사를 해.   have a light lunch

❹ 난 퇴근 후에 요가 수업을 받아.   take a yoga class

❺ 난 블로그 업데이트하기를 좋아해. update my blog

❻ 그는 도서관에서 일해.   work at a library

❼ 그는 주말마다 골프를 쳐.   play golf

❽ 그녀는 공포 영화 보는 것을 정말 좋아해. watch horror movies

❾ 그녀는 대부분의 시간을 열심히 일해.   work hard

❿ 우리는 한 달에 한 번 캠핑하러 가.   go camping

⓫ 그들은 말이 너무 많아.   talk too much

⓬ 우리는 주로 저녁에 개를 산책시켜. walk the dog

⓭ 항상 있는 일이야.   happen

⓮ 영어를 배우는 데에는 시간이 걸려. take time

⓯ 효과가 있어.   work

정답은 다음 페이지에서 확인하세요 ➡

STEP **2** 회화 공식 확인하기

실생활 표현을 확인하며 크게 소리 내어 연습해 보세요.

1 I study English every day. ◀))

2 I go jogging in the morning. ◀))

3 I have a light lunch. ◀))

4 I take a yoga class after work. ◀))

5 I like to update my blog. ◀))

6 He works at a library. ◀))

7 He plays golf on weekends. ◀))

8 She loves watching horror movies. ◀))

9 She works hard most of the time. ◀))

10 We go camping once a month. ◀))

11 They talk too much. ◀))

12 We usually walk the dog in the evening. ◀))

13 It happens all the time. ◀))

14 It takes time to learn English. ◀))

15 It works. ◀))

 STEP **3** 회화 공식으로 영작하기

다음 문장을 영어로 써 보고 다시 한 번 복습해 보세요.

1 난 매일 저녁 나의 블로그 업데이트하기를 좋아해.

✎ ....

2 난 매일 아침 커피를 마셔.

✎ ....

3 그녀는 일주일에 3번 요가 수업을 받아.

✎ ....

4 그녀는 말이 너무 많아.

✎ ....

5 그는 주말마다 캠핑하러 다녀.

✎ ....

6 그거 말 되네.

✎ ....

7 나도 마찬가지야.

✎ ....

정답 **1** I like to update my blog every evening. **2** I drink coffee every morning. **3** She takes a yoga class three times a week. **4** She talks too much. **5** He goes camping on weekends. **6** That makes sense. **7** That makes two of us.

어떤 일을 하지 않는다고 말할 때: 일반동사 현재형 부정문

I don't ~.

공식 1

I don't + 동사원형.

난 ~하지 않아.

"난 신경 안 써.", "난 몰라.", "난 좋아하지 않아."처럼 어떤 일에 대해 부정할 때는 동사원형 앞에 do not을 붙이면 됩니다. '난 ~하지 않아'라는 뜻이고, 보통 말할 때는 do not을 don't로 줄여서 사용하므로 줄인 상태를 많이 연습해 보세요.

I don't **care.**	난 신경 안 써.
I don't **care about looks.**	난 외모에 신경 안 써.
I don't **know anything about it.**	난 그것에 대해 아무것도 몰라.
I don't **work out every day.**	난 매일 운동하지 않아.
I don't **like it.**	난 그거 안 좋아해. / 마음에 안 들어.
I don't **like being late.**	난 늦는 거 안 좋아해.
I don't **get it.**	난 이해가 안 돼.
I don't **hate you.**	난 너를 싫어하지 않아.
I don't **believe him.**	난 그를 믿지 않아.
I don't **want to lie.**	난 거짓말하고 싶지 않아.

She doesn't + 동사원형.

그녀는 ~하지 않아.

일반동사 현재형의 부정문에서 주어가 3인칭 단수일 때는 do not 대신 does not으로 말하면 됩니다. do not은 don't로 줄였듯이, does not은 doesn't로 축약해서 말한다는 것을 알아 두고 익숙해질 때까지 반복해서 연습하세요.

He doesn't even know me.	그는 나를 알지도 못하잖아.
He doesn't understand me.	그는 나를 이해 못 해.
He doesn't get it.	그는 이해 못 해.
He doesn't work here.	그는 여기서 일하지 않아.
She doesn't work hard.	그녀는 열심히 일하지 않아.
She doesn't love him.	그녀는 그를 사랑하지 않아.
She doesn't like reading books.	그녀는 책 읽기를 좋아하지 않아.
She doesn't get along with him.	그녀는 그와 사이가 좋지 않아.
It doesn't matter to me.	그건 내게 중요하지 않아. / 난 상관없어.
It doesn't work.	그건 작동이 안 돼.

 work는 '일하다'라는 뜻 외에 '작동하다'라는 의미도 있어요.

61

플러스 표현으로 실력 향상!

"I don't ~.", "That doesn't ~."로 시작하는 회화에서 자주 쓰는 간단한 문장들을 익혀 보세요. 간단한 말부터 입으로 자유롭게 나와야 더 어렵고 긴 문장도 술술 말할 수 있어요.

① I don't follow you. 네 말 이해가 안 돼.

follow는 '(~의 뒤를) 따라가다'라는 뜻이죠. "I don't follow you."를 직역하면 "난 너를 못 따라가."라는 뜻인데, 상대방이 하는 말이 이해되지 않거나 말의 흐름을 쫓아가지 못할 때 자주 쓰는 표현입니다.

② I don't blame you. 너를 탓하지 않아.

누군가 한 일이 그럴 만하고 마땅하다고 생각될 때 상대방에게 하는 말이에요. "그럴 만하네."라고 해석해도 됩니다.

> **I don't blame you for doing that.**
> 네가 그랬다고 널 탓하지 않아. / 네가 그렇게 할 만도 하네.

③ I don't want to do it. 난 그거 하기 싫어.

"I don't want it."은 "난 그거 원하지 않아."입니다. '~하고 싶지 않아', '~하기 싫어'라고 말하고 싶을 때, "I don't want to + 동사원형"을 쓰면 됩니다.

> **I don't want to go there.** 난 거기 가고 싶지 않아.

④ I don't know what to say. 무슨 말을 해야 할지 모르겠어.

"I don't know."는 가장 많이 쓰는 문장 중 하나예요. I don't know 뒤에 다양한 의문사 who, what, when, where, how를 붙여 더 자세하게 말할 수 있어요.

> **I don't know who to trust.** 누구를 믿어야 할지 모르겠어.
> **I don't know where to go.** 어디로 가야 할지 모르겠어.

⑤ That doesn't ring a bell. 그거 기억이 안 나.

ring a bell은 '종을 울리다'라는 뜻 말고 '(들어 보니) 기억이 난다', '낯이 익다'의 의미로도 자주 쓰입니다.

다음 힌트를 참고하여 문장을 영어로 말해 보세요.

😊 힌트

1 난 그에 대해 아무것도 몰라.　　know anything

2 난 아침 식사를 하지 않아.　　eat breakfast

3 난 채소를 먹지 않아.　　eat vegetables

4 난 외출하고 싶지 않아.　　go out

5 난 어디로 가야 할지 모르겠어.　　where to go

6 넌 이해 못 해.　　get it

7 넌 나를 알지도 못하잖아.　　know

8 넌 쇼핑하는 걸 좋아하지 않아.　　like shopping

9 그는 나를 좋아하지 않아.　　like

10 그녀는 단것을 먹지 않아.　　eat sweets

11 그녀는 열심히 일하지 않아.　　work hard

12 그건 내게 중요하지 않아.　　matter to me

13 네가 그랬다고 널 탓하지 않아.　　blame you

14 난 혼자 있고 싶지 않아.　　be alone

15 그거 기억이 안 나.　　ring a bell

정답은 다음 페이지에서 확인하세요. ➡

63

STEP 2 회화 공식 확인하기

실생활 표현을 확인하며 크게 소리 내어 연습해 보세요.

1 I don't know anything about him.

2 I don't eat breakfast.

3 I don't eat vegetables.

4 I don't want to go out.

5 I don't know where to go.

6 You don't get it.

7 You don't even know me.

8 You don't like shopping.

9 He doesn't like me.

10 She doesn't eat sweets.

11 She doesn't work hard.

12 It doesn't matter to me.

13 I don't blame you for doing that.

14 I don't want to be alone.

15 That doesn't ring a bell.

 # 회화 공식으로 영작하기

다음 문장을 영어로 써 보고 다시 한 번 복습해 보세요.

1 난 그의 이름을 몰라.

✎ ....

2 난 외모에 신경 안 써.

✎ ....

3 난 늦는 거 안 좋아해.

✎ ....

4 난 거짓말하고 싶지 않아.

✎ ....

5 난 무슨 말을 해야 할지 모르겠어.

✎ ....

6 너를 탓하지 않아.

✎ ....

7 그들은 사이가 좋지 않아.

✎ ....

정답 **1** I don't know his name. **2** I don't care about looks. **3** I don't like being late. **4** I don't want to lie.
5 I don't know what to say. **6** I don't blame you. **7** They don't get along well.

상대방이 과거에 한 일을 물어볼 때: 일반동사 과거형 의문문
Did you ~?

Did you + 동사원형?
넌 ~했니?

회화에서 가장 많이 쓰는 시제가 바로 '과거시제'입니다. 대화를 할 때는 이미 지나간 일에 대해 물어보는 경우가 정말 많아요. "너 ~했니?"라고 어떤 행동을 구체적으로 물어볼 때는 Do의 과거형인 Did를 써서 Did you ~?라고 말하면 됩니다. 그 뒤에 꼭 동사원형을 써야 한다는 것을 기억하세요.

Did you do this?	너 이거 했니?
Did you know it?	너 그거 알았니?
Did you have a good weekend?	너 좋은 주말 보냈니?
Did you talk to her?	넌 그녀에게 말했니?
Did you get it?	너 이해했니?
Did you like it?	너 그거 마음에 들었니?
Did you get home safely?	너 집에 무사히 갔니?
Did you lock the door?	너 문 잠갔니?
Did you go out last night?	너 어젯밤에 외출했니?
Did you miss me?	너 내가 그리웠니?

Did I + 동사원형?

내가 ~했니?

과거형으로 질문할 때는 주어에 따라 동사가 바뀌지 않습니다. 그래서 어떤 주어가 오더라도 문장 앞에 Did를 붙여 주면 됩니다. 'Did+주어+동사원형?'의 어순만 지키면 주어에 상관없이 다양한 문장을 쉽게 만들 수 있어요.

Did I tell you?	내가 너에게 말했니?
Did I hurt your feelings?	내가 네 감정을 상하게 했니?
Did I do anything wrong?	내가 뭐 잘못했니?
Did he leave the office?	그는 퇴근했니?
Did he leave for LA?	그는 LA로 떠났니?
Did she tell on me?	그녀가 나를 고자질했니?
Did she say yes?	그녀가 승낙했니?
Did they arrive on time?	그들은 시간 맞춰 도착했니?
Did it really happen?	그 일이 정말 일어났어?
Did it go well?	일이 잘 됐니?

 leave는 주의해서 사용해야 하는 동사입니다. leave 뒤에 바로 장소가 나오면 '~를 떠나다'라는 뜻이고, leave for라고 전치사를 추가해서 장소를 붙이면 '~를 향해 떠나다'라는 뜻이 됩니다.

플러스 표현으로 실력 향상!

과거에 어떤 일을 했는지, 과거에 어떤 일이 있었는지 물어볼 때 'Did+주어+동사원형?'으로
말하면 됩니다. 회화에서 자주 쓰는 문장들을 소리 내어 말해 보세요.

① Did you make it? 너 해냈니?

make it은 회화에서 많이 쓰는 표현으로, 폭넓은 의미로 사용됩니다. '성공하다', '해내다', '간신히 시간 맞춰
도착하다' 등 여러 가지 뜻이 있어요. 말하는 상황이나 맥락에 따라 해석이 조금씩 달라질 수 있어요.

> **Did you make it?** 너 해냈니? / 성공했니? / 도착했니?

② Did you have fun? 재미있었니?

have fun은 '재미있다', '즐거운 시간을 보내다'라는 뜻입니다. "Did you have fun?"은 원어민들이 일상대
화에서 정말 많이 쓰는 표현이에요.

> **Did you have fun at school?** 학교에서 재미있었니?
> **Have fun!** 즐거운 시간 보내!

③ Did you get vaccinated? 예방 접종을 받았니?

vaccinate는 '예방(백신) 주사를 놓다', '예방 접종하다'라는 뜻입니다. 일반적으로 자기 자신에게 스스로 주
사를 놓는 게 아니라 예방 접종을 받는 것이므로 동사 'get'을 이용해서 get vaccinated라고 합니다.

④ Did I disturb you? 내가 너를 방해했니?

disturb는 '누군가가 뭔가를 하는 것을 방해하다'라는 뜻이에요. "Did I disturb you?"는 나의 행동이나 말
이 상대방을 귀찮게 하거나 방해했는지 물어볼 때 자주 쓰는 문장입니다.

⑤ Did I miss any calls? 나에게 전화 온 것 없었니?

miss는 '놓치다'라는 뜻을 갖고 있죠. "Did I miss any call?"이라고 하면 "내가 어떤 전화를 놓쳤니?"라는
뜻으로, 내가 자리를 비운 사이에 "나에게 전화 온 것 없었니?"라고 묻는 문장입니다. 내가 알아야 할 중요한
내용이 있었는지 물어볼 때, "Did I miss anything?(내가 놓친 거 있어?)"라고 할 수 있어요.

다음 힌트를 참고하여 문장을 영어로 말해 보세요.

☺ 힌트

1 너 학교에서 재미있었니?
have fun

2 너 집에 무사히 갔니?
get home safely

3 너 내가 그리웠니?
miss

4 너 내 메시지 받았니?
get my message

5 너 이해했니?
get it

6 너 그 말 들었니?
hear that

7 너 예방 접종 받았니?
get vaccinated

8 내가 뭐 잘못했니?
anything wrong

9 그가 나를 고자질했니?
tell on

10 그는 돌아왔니?
come back

11 그는 승진했니?
get promoted

12 그녀가 승낙했니?
say yes

13 그녀는 그 시험에 합격했니?
pass the exam

14 나에게 전화 온 것 없었니?
miss

15 일이 잘 됐니?
go well

정답은 다음 페이지에서 확인하세요. ➡

STEP 2 회화 공식 확인하기

실생활 표현을 확인하며 크게 소리 내어 연습해 보세요.

1 Did you have fun at school? 🔊

2 Did you get home safely? 🔊

3 Did you miss me? 🔊

4 Did you get my message? 🔊

5 Did you get it? 🔊

6 Did you hear that? 🔊

7 Did you get vaccinated? 🔊

8 Did I do anything wrong? 🔊

9 Did he tell on me? 🔊

10 Did he come back? 🔊

11 Did he get promoted? 🔊

12 Did she say yes? 🔊

13 Did she pass the exam? 🔊

14 Did I miss any calls? 🔊

15 Did it go well? 🔊

다음 문장을 영어로 써 보고 다시 한 번 복습해 보세요.

① 너 좋은 주말 보냈니?

✏️

② 너 그거 알았니?

✏️

③ 내가 네 감정을 상하게 했니?

✏️

④ 내가 너를 방해했니?

✏️

⑤ 그들은 시간 맞춰 도착했니?

✏️

⑥ 그 일이 정말 일어났어?

✏️

⑦ 그는 이번에 승진했니?

✏️

정답 **①** Did you have a good weekend? **②** Did you know it? **③** Did I hurt your feelings? **④** Did I disturb you? **⑤** Did they arrive on time? **⑥** Did it really happen? **⑦** Did he get promoted this time?

과거에 한 일을 설명할 때: 일반동사 과거형 긍정문

I did ~.

I + 동사 과거형.

난 ~했어.

일상회화에서는 이미 지나간 일, 과거에 있었던 일을 말하는 경우가 많아요. "난 늦게 일어나서 버스를 놓쳤고, 회사에 늦게 도착했어."처럼 이미 일어난 일을 말할 때 동사의 과거형을 사용해야 해요. 회화에서 자주 쓰는 동사 과거형으로 만든 예문을 보며 학습해 보세요.

I got up very late.	난 매우 늦게 일어났어.
I ate breakfast quickly.	난 빨리 아침을 먹었어.
I ran to the bus stop.	난 버스 정류장으로 달려갔어.
I missed the bus.	난 버스를 놓쳤어.
I lost my cell phone.	난 내 휴대전화를 잃어버렸어.
I arrived at work an hour late.	난 직장에 1시간 늦게 도착했어.
I made a lot of mistakes.	난 실수를 많이 했어.
I forgot about an important meeting.	난 중요한 회의에 대해 잊어버렸어.
I left the office at 7.	난 7시에 퇴근했어.
I took the bus home.	난 집에 오는 버스를 탔어.

He + 동사 과거형.

그는 ~했어.

일반동사의 과거형은 주어의 인칭과 수에 상관없이 한 가지 형태입니다. 동사원형에 ed만 붙이면 되는 규칙 동사가 있고, do(하다) - did, go(가다) - went, tell(말하다) - told처럼 완전히 다른 형태로 바뀌는 불규칙 동사도 있어요. 회화에서 자주 쓰는 동사 과거형을 예문과 함께 익혀 보세요.

He went to bed late last night.	그는 어젯밤 늦게 잠자리에 들었어.
He told you to do that.	그가 너에게 그렇게 하라고 말했잖아.
He gave me a ride.	그가 나를 태워다 줬어.
She thought about it a lot.	그녀는 그것에 대해 많이 생각했어.
She did her best.	그녀는 최선을 다했어.
She went to the movies twice last week.	그녀는 지난주에 2번 영화 보러 갔어.
She studied very hard.	그녀는 아주 열심히 공부했어.
You did a good job.	넌 일을 잘 해냈어.
You drank three cups of coffee today.	넌 오늘 커피를 3잔 마셨어.
We had a great time.	우리는 멋진 시간을 보냈어.

 불규칙 동사는 말 그대로 규칙이 없기 때문에 보일 때마다 꼭 외워야 해요. 이 Unit에 나온 불규칙 동사를 먼저 외워 보세요. get up(일어나다) - got up, eat(먹다) - ate, run(달리다) - ran, loss(잃어버리다) - lost, make(만들다, 저지르다) - made, forger(잊어버리다) - forgot, leave(떠나다) - left, take(타다) - took, think(생각하다) - thought, drink(마시다) - drank, give(주다) - gave, have(가지다) - had입니다.

플러스 표현으로 실력 향상!

과거에 무엇을 했는지 구체적으로 말하기 위해서는 일반동사의 과거형을 꼭 알아 둬야 합니다. 필수로 외워야 할 규칙 동사와 불규칙 동사를 익혀서 다양한 회화 문장을 말해 보세요.

꼭 알아야 하는 규칙 동사

동사	원형	과거형	동사	원형	과거형
일하다	work	worked	공부하다	study	studied
전화하다	call	called	노력하다	try	tried
방문하다	visit	visited	마르다	dry	dried
좋아하다	like	liked	멈추다	stop	stopped
살다	live	lived	계획하다	plan	planned
사랑하다	love	loved	쇼핑하다	shop	shopped

꼭 알아야 하는 불규칙 동사

동사	원형	과거형	동사	원형	과거형
사다	buy	bought	가다	go	went
가져오다	bring	brought	가지고 있다	have	had
오다	come	came	잃어버리다	lose	lost
마시다	drink	drank	만들다	make	made
운전하다	drive	drove	취하다, 잡다	take	took
먹다	eat	ate	생각하다	think	thought
얻다	get	got	잠자다	sleep	slept
발견하다	find	found	말하다	say	said
느끼다	feel	felt	앉다	sit	sat
주다	give	gave	쓰다	write	wrote

일반동사 과거형을 활용한 초간단 회화 문장

1 I knew it. 내가 이럴 줄 알았어.

2 I lost it. 나 그거 잃어버렸어.

3 I got it. 알겠어.

4 You did this. 네가 이랬어.

5 You made my day. 네 덕분에 좋은 하루가 됐어.

다음 힌트를 참고하여 문장을 영어로 말해 보세요.

😊 힌트

1 난 매우 늦게 일어났어.

got up

2 난 직장에 1시간 늦게 도착했어.

arrived at work

3 난 오늘 아침 커피 한 잔을 마셨어.

drank, a cup of

4 난 가벼운 점심 식사를 했어.

had a light lunch

5 난 소개팅을 했어.

had a blind date

6 난 내 친구와 영화를 보러 갔어.

went to the movies

7 우리는 멋진 시간을 보냈어.

had a great time

8 내가 너에게 거기 가라고 말했잖아.

told you

9 내가 이럴 줄 알았어.

knew

10 난 최선을 다했어.

did my best

11 난 그것에 대해 많이 생각했어.

thought about it

12 그는 나를 집까지 차로 태워다 줬어.

gave me a ride

13 그는 그의 친구들과 어울려 놀았어.

hung out with

14 그녀는 아주 열심히 일했어.

worked very hard

15 그녀는 휴대전화를 잃어버렸어.

lost

정답은 다음 페이지에서 확인하세요. ➡

75

STEP 2 회화 공식 확인하기

실생활 표현을 확인하며 크게 소리 내어 연습해 보세요.

1 I got up very late.

2 I arrived at work an hour late.

3 I drank a cup of coffee this morning.

4 I had a light lunch.

5 I had a blind date.

6 I went to the movies with my friend.

7 We had a great time.

8 I told you to go there.

9 I knew it.

10 I did my best.

11 I thought about it a lot.

12 He gave me a ride home.

13 He hung out with his friends.

14 She worked very hard.

15 She lost her cell phone.

STEP 3 회화 공식으로 영작하기

다음 문장을 영어로 써 보고 다시 한 번 복습해 보세요.

1 네 덕분에 좋은 하루가 됐어.

----

2 난 어젯밤에 너에 대해 생각했어.

----

3 우리는 최선을 다했어.

----

4 난 내 가방을 잃어버렸어.

----

5 난 가벼운 아침 식사를 했어.

----

6 내가 너에게 영어 공부하라고 말했잖아.

----

7 너 오늘 커피를 3잔 마셨어.

정답 ❶ You made my day. ❷ I thought about you last night. ❸ We did our best. ❹ I lost my bag. ❺ I had a light breakfast. ❻ I told you to study English. ❼ You drank three cups of coffee today.

77

과거에 하지 않은 일을 말할 때: 일반동사 과거형 부정문

I didn't ~.

I didn't + 동사원형.
난 ~하지 않았어.

지나간 과거 사실을 부정하거나 하지 않았다고 말할 때, did 뒤에 not을 붙여서 'I did not+동사원형'으로 말합니다. "I worked hard."를 부정하려면 "I did not work hard."라고 말하는 거죠. 회화에서는 주로 did not을 didn't으로 축약해서 말합니다.

I didn't do anything.	나 아무것도 안 했어.
I didn't enjoy the movie much.	난 그 영화 그렇게 재밌지 않았어.
I didn't go to work today.	난 오늘 출근하지 않았어.
I didn't invite them to my party.	난 그들을 내 파티에 초대하지 않았어.
I didn't have time to call you.	난 너에게 전화할 시간이 없었어.
I didn't sleep well last night.	난 어젯밤에 잠을 잘 못 잤어.
I didn't have lunch today.	난 오늘 점심을 못 먹었어.
I didn't mean it.	난 그럴 의도가 아니었어. / 진심이 아니었어.
I didn't know that.	난 그걸 몰랐어.
I didn't talk to anyone.	난 아무에게도 말하지 않았어.

It didn't + 동사원형.

그건 ~하지 않았어.

영어의 과거형이 더 쉬운 이유는 주어에 따라 동사의 형태가 변하지 않기 때문이에요. 2인칭, 3인칭, 단수, 복수 상관없이 '주어+didn't+동사원형'으로 말하면 됩니다. 다양한 주어로 더 많은 회화 문장을 말해 보세요.

You didn't mean that.	너 그런 뜻이 아니었잖아. / 진심이 아니었지.
You didn't even try.	넌 시도조차 하지 않았어.
You didn't do your best.	넌 최선을 다하지 않았어.
She didn't show up.	그녀는 나타나지 않았어.
She didn't complain.	그녀는 불평하지 않았어.
He didn't get promoted this time.	그는 이번에 승진하지 못했어.
He didn't apologize to me.	그는 나에게 사과하지 않았어.
They didn't call back.	그들은 다시 전화해 주지 않았어.
It didn't take long.	시간이 오래 걸리지 않았어.
It didn't cost very much.	비용이 아주 많이 들지는 않았어.

 do one's best는 '최선을 다하다', **get promoted**는 '승진하다', **call back**은 '다시 전화해 주다'라는 표현이에요. 이런 표현은 덩어리로 그냥 외워 둬야 한답니다.

플러스 표현으로 실력 향상!

과거에 있었던 일, 과거의 상황에 대해 부정할 때 '~하지 않았어(didn't ~)'가 필요해요.
didn't 뒤에 꼭 동사원형을 붙여서 말해 주세요.

1 I didn't want to see him. 난 그를 보고 싶지 않았어.

> "I didn't want to ~."는 "~하고 싶지 않았어.", "~하기 싫었어."라는 뜻입니다. "I don't want to ~."에서
> 시제만 과거로 바꾼 거죠. want to 뒤에 동사원형을 붙여서 말해 주세요.
>
> **I didn't want to go there by myself.** 나 혼자서 거기에 가기 싫었어.

2 I didn't mean to hurt your feelings. 네 감정을 상하게 하려던 게 아니었어.

> "I didn't mean it."은 "진심이 아니었어.", "그러려던 게 아니었어."라는 뜻이죠. 더 구체적으로 "~하려는 건
> 아니었어."라고 말하고 싶을 때는 I didn't mean to 뒤에 동사원형을 붙이면 됩니다.
>
> **I didn't mean to interrupt.** 방해하려던 게 아니었어.

3 I didn't order this. 저는 이걸 주문하지 않았어요.

> 식당이나 상점에서 내가 주문하지 않은 다른 것이 나왔을 때 쓸 수 있는 표현이에요.

4 I didn't sleep a wink. 나 한숨도 못 잤어.

> sleep a wink는 '한숨 자다', '한잠 자다'라는 뜻인데, 주로 부정문에서 많이 쓰입니다.
>
> **I stayed up all night. I didn't sleep a wink last night.**
> 나 밤을 꼬박 새웠어. 어젯밤에 한숨도 못 잤어.

5 You didn't do anything wrong. 넌 잘못한 거 없어.

> "넌 아무 잘못도 하지 않았어."라고 상대방을 위로할 때 쓸 수 있는 문장이에요. 여기서 You didn't 뒤에 '하
> 다'라는 뜻의 동사 do를 빠뜨리지 않도록 주의하세요.

회화 공식 연습하기

다음 힌트를 참고하여 문장을 영어로 말해 보세요.

☺ 힌트

1 난 오늘 출근하지 않았어.
go to work

2 난 너에게 문자 보낼 시간이 없었어.
text you

3 난 어젯밤에 한숨도 못 잤어.
sleep a wink

4 난 그에 대해 아무것도 몰랐어.
know anything

5 난 아무 말도 안 했어.
say anything

6 난 잘못한 거 없어.
anything wrong

7 넌 시도조차 하지 않았어.
even try

8 넌 어제 나에게 전화하지 않았어.
call me

9 그녀는 내 말을 듣지 않았어.
listen to me

10 그녀는 LA로 이사 가지 않았어.
move to LA

11 그는 나에게 사과하지 않았어.
apologize to me

12 그는 고맙다고 말하지 않았어.
say thank you

13 비용이 아주 많이 들지는 않았어.
cost very much

14 어제 비가 내리지 않았어.
rain

15 저는 이걸 주문하지 않았어요.
order this

정답은 다음 페이지에서 확인하세요. ➡

회화 공식 확인하기

실생활 표현을 확인하며 크게 소리 내어 연습해 보세요.

1 I didn't go to work today. ◀))

2 I didn't have time to text you. ◀))

3 I didn't sleep a wink last night. ◀))

4 I didn't know anything about him. ◀))

5 I didn't say anything. ◀))

6 I didn't do anything wrong. ◀))

7 You didn't even try. ◀))

8 You didn't call me yesterday. ◀))

9 She didn't listen to me. ◀))

10 She didn't move to LA. ◀))

11 He didn't apologize to me. ◀))

12 He didn't say thank you. ◀))

13 It didn't cost very much. ◀))

14 It didn't rain yesterday. ◀))

15 I didn't order this. ◀))

STEP 3 회화 공식으로 영작하기

다음 문장을 영어로 써 보고 다시 한 번 복습해 보세요.

1 난 알고 싶지 않았어.

✎

....

2 난 그들을 내 파티에 초대하지 않았어.

✎

....

3 난 네 감정을 상하게 할 뜻은 아니었어.

✎

....

4 난 아무에게도 말하지 않았어.

✎

....

5 넌 어제 나에게 전화하지 않았어.

✎

....

6 그녀는 나타나지 않았어.

✎

....

7 시간이 오래 걸리지 않았어.

✎

....

정답 **1** I didn't want to know.　**2** I didn't invite them to my party.　**3** I didn't mean to hurt your feelings.
4 I didn't talk to anyone.　**5** You didn't call me yesterday.　**6** She didn't show up.　**7** It didn't take long.

명령하고 부탁할 때: 명령문

Do.

(You) 동사원형.

~해.

주어 없이 동사원형으로 시작하는 문장을 명령문이라고 해요. 명령문으로 말할 때 이 말을 듣는 사람
은 You이므로 굳이 언급하지 않고 생략하는 거죠. '~해', '~해 줘'라고 말할 때 동사원형만으로 아
주 쉽게 말할 수 있어요.

Go ahead.	(계속) 하세요.
Stop it.	그만 해.
Cheer up.	기운 내.
Watch out.	조심해.
Hurry up.	서둘러.
Come on in.	들어오세요.
Go away.	가 버려.
Go for it.	힘을 내.
Wake up.	일어나. / 정신 차려.
Take care.	몸 건강해. / 잘 지내. (헤어질 때 인사)

Be ~.

~해.

"조용히 해.", "조심해." 등의 be동사 명령문도 일상 대화에서 자주 쓰입니다. be동사의 원형은 'be' 이므로 문장을 Be로 시작하면 됩니다. 뒤에는 형용사가 주로 오는데, 다른 be동사 문장과 마찬가지로 명사나 전치사구가 올 수도 있어요.

Be nice to me.	나에게 잘 대해 줘.
Be on time.	시간 지켜.
Be quiet.	조용히 해 주세요.
Be careful.	조심해.
Be patient.	인내심을 가져.
Be brave.	용기를 내.
Be ambitious.	야망을 가져.
Be realistic.	현실적으로 해.
Be creative.	창의적으로 해.
Just be yourself.	그냥 자연스럽게 해.

 명령문 앞에 **Just**를 붙이면 "그냥 ~해."라는 말이 됩니다.

주어 You를 생략하고 동사원형으로 시작하는 아주 쉬운 명령문. 쉬운 단어로 이루어진 간단한 표현도 해석이 잘 안 되는 경우가 있죠? 다음 명령문의 진짜 의미를 익히고 소리 내어 말해 보세요.

① Cover for me. 나 대신 일 좀 부탁해.

> 'cover for ~'는 '~을 대신하다'라는 뜻이에요. 'cover for someone'은 '다른 사람의 일을 대신 처리하다'라는 의미죠.

② Turn it down. 그거 거절해.

> turn down은 '(소리, 온도 등을) 낮추다'라는 뜻도 있지만, '거절하다'라는 뜻으로도 자주 사용됩니다. "Turn him down."이라고 말하면 "그를 거절해.", "그가 말하는 거 거절해."라는 뜻이 됩니다.

③ Take your time. 천천히 하세요.

> "Take your time."은 "너의 시간을 가져.", 즉 "천천히 해."라는 뜻입니다. 서두르거나 조급해하는 상대방에게 말할 수 있는 표현이에요.

④ Just bring yourself. 몸만 오세요.

> 모임이나 파티에 초대하면서 "빈손으로 오세요.", "그냥 몸만 오세요."라는 의미로 쓰는 표현이에요.
>
> **Just bring yourself. I have everything you need.**
> 그냥 와. 필요한 건 다 있어.

⑤ Hold on, please. (전화 끊지 말고) 잠시만 기다려 주세요.

> hold on은 '(~을) 계속 잡고 있다', '기다리다'라는 뜻이므로, 통화 중에 쓰면 "(끊지 말고) 잠시만 기다리세요."라는 의미가 됩니다. 명령문의 앞 또는 뒤에 please를 붙여서 공손한 뉘앙스를 만들 수 있어요.

다음 힌트를 참고하여 문장을 영어로 말해 보세요.

😊 **힌트**

① 받아 적어 주세요. — write it down, please

② 최선을 다해. — your best

③ 나중에 전화해 줘. — later

④ 그냥 그거 거절해. — turn it down

⑤ 계속해. — keep

⑥ 들어오세요. — come

⑦ 즐겁게 지내. — fun

⑧ 몸만 오세요. — just bring

⑨ 샷 추가해 주세요. — an extra shot, please

⑩ 가 버려. — go

⑪ 네 방식대로 해. — do it

⑫ 시간 지켜. — on time

⑬ 인내심을 가져. — patient

⑭ 그냥 자연스럽게 해. — yourself

⑮ 정직해라. — honest

정답은 다음 페이지에서 확인하세요. ➔

회화 공식 확인하기

실생활 표현을 확인하며 크게 소리 내어 연습해 보세요.

1 Write it down, please.

2 Do your best.

3 Call me later.

4 Just turn it down.

5 Keep going.

6 Come on in.

7 Have fun.

8 Just bring yourself.

9 Add an extra shot, please.

10 Go away.

11 Do it your way.

12 Be on time.

13 Be patient.

14 Just be yourself.

15 Be honest.

다음 문장을 영어로 써 보고 다시 한 번 복습해 보세요.

① (전화 끊지 말고) 잠시만 기다려 주세요.

🖊

·····

② 샷 추가해 주세요.

🖊

·····

③ 나 대신 일 좀 부탁해.

🖊

·····

④ 용기를 내.

🖊

·····

⑤ 그에게 잘 대해 줘.

🖊

·····

⑥ 정신 차려.

🖊

·····

⑦ 천천히 해.

🖊

·····

정답 **①** Hold on, please. **②** Add an extra shot, please. **③** Cover for me. **④** Be brave. **⑤** Be nice to him.
⑥ Wake up. **⑦** Take your time.

하지 말라고 명령하거나 **부탁할 때**: 부정 명령문

Don't ~.

Don't + 동사원형.

~하지 마.

"가지 마.", "포기하지 마.", "잊지 마."처럼 어떤 행동을 하지 말라고 명령하거나 부탁할 때 동사원형 앞에 Do not을 붙여 줍니다. 여기서도 주어는 당연히 You이므로 생략하죠. 회화에서 Do not은 주로 Don't 로 축약해서 말합니다.

Don't go.	가지 마.
Don't ask.	묻지 마. / 말도 마.
Don't forget.	잊지 마.
Don't give up.	포기하지 마.
Don't do that.	그거 하지 마. / 그러지 마.
Don't worry.	걱정하지 마.
Don't mention it.	별말씀을요.
Don't bother me.	귀찮게 하지 마.
Don't complain about it.	그것에 대해 불평하지 마.
Don't lie to me.	내게 거짓말하지 마.

Don't be ~.

~하지 마.

be동사 명령문도 마찬가지로 문장 앞에 Don't를 붙이면 부정 명령문이 됩니다. 부정 명령문에서는 be동사 뒤에 거의 형용사가 온다는 것에 주의하세요.

Don't be **silly**.	바보같이 굴지 마.
Don't be **rude**.	무례하게 굴지 마.
Don't be **shy**.	부끄러워하지 마세요.
Don't be **sad**.	슬퍼하지 마세요.
Don't be **late**.	늦지 마.
Don't be **afraid**.	두려워하지 마.
Don't be **so dramatic**.	그렇게 호들갑 떨지 마.
Don't be **so childish**.	그렇게 유치하게 굴지 마.
Don't be **so selfish**.	그렇게 이기적으로 굴지 마.
Don't be **so cheap**.	그렇게 인색하게 굴지 마.

---

so는 '그렇게'라는 뜻이 있어서, 부정 명령문에서 쓰이면 '그렇게 ~하지 마'라는 표현을 할 수 있어요.
dramatic은 감정이 지나치게 과장되고 호들갑 떠는 사람에게 쓰는 말이에요.

동사원형으로 시작하는 아주 쉬운 명령문. "~하지 마.", "~하지 마세요."라고 말하려면 동사
원형 앞에 Don't만 붙이면 됩니다. 회화에서 자주 쓰는 쉽고 간단한 부정 명령문을 소리 내어
말해 보세요.

① Don't blame me. 내 탓하지 마.

blame은 '~을 탓하다', '~책임으로 보다'라는 뜻이에요.

  Don't blame yourself. 자책하지 마.
  Don't blame anyone. 누구도 탓하지 마.

② Don't let me down. 나를 실망시키지 마.

'let ~ down'은 '~를 실망시키다', '~의 기대를 저버리다'라는 뜻이에요. '실망시키다'라는 뜻으로
disappoint가 있지만, 실제 회화에서는 'let ~ down'을 자주 쓰니 꼭 알아 두세요.

  Please don't let me down again. 나를 또 실망시키지 말아 주세요.

③ Don't push me. 강요하지 마.

push는 '힘으로 밀다', '밀치다'라는 뜻이지만, '강요하다'라는 뜻도 있습니다.

  Don't push me around. 나에게 이래라저래라 하지 마.

④ Don't be too harsh on yourself. 너 자신을 너무 심하게 대하지 마.

harsh는 '가혹한', '냉혹한'이라는 뜻이에요. 스스로에게 지나치게 혹독한 사람에게 할 수 있는 말이에요.

⑤ Don't go overboard. 너무 지나치게 하지 마.

go overboard는 '어떤 일에 굉장히 흥분하고 지나치게 열중하다'라는 뜻이에요. 친구들끼리 "오버하지 마."
라고 말할 때 이 문장을 쓰면 됩니다.

 STEP **1** 회화 공식 연습하기

다음 힌트를 참고하여 문장을 영어로 말해 보세요.

☺ **힌트**

1. 아무 말도 하지 마.   say anything

2. 내 걱정하지 마.   worry about

3. 나 귀찮게 하지 마.   bother

4. 나에게 강요하지 마.   push

5. 포기하지 마.   give up

6. 네 시간을 낭비하지 마.   waste

7. 그것에 대해 불평하지 마.   complain

8. 내게 거짓말하지 마.   lie

9. 그렇게 못되게 굴지 마.   mean

10. 그렇게 유치하게 굴지 마.   childish

11. 그렇게 인색하게 굴지 마.   cheap

12. 두려워하지 마.   afraid

13. 늦지 마.   late

14. 바보같이 굴지 마.   silly

15. 너 자신을 너무 심하게 대하지 마.   harsh on

정답은 다음 페이지에서 확인하세요. ➡

93

STEP 2 회화 공식 확인하기

실생활 표현을 확인하며 크게 소리 내어 연습해 보세요.

1. **Don't say anything.** 🔊

2. **Don't worry about me.** 🔊

3. **Don't bother me.** 🔊

4. **Don't push me.** 🔊

5. **Don't give up.** 🔊

6. **Don't waste your time.** 🔊

7. **Don't complain about it.** 🔊

8. **Don't lie to me.** 🔊

9. **Don't be so mean.** 🔊

10. **Don't be so childish.** 🔊

11. **Don't be so cheap.** 🔊

12. **Don't be afraid.** 🔊

13. **Don't be late.** 🔊

14. **Don't be silly.** 🔊

15. **Don't be too harsh on yourself.** 🔊

다음 문장을 영어로 써 보고 다시 한 번 복습해 보세요.

① 누구도 탓하지 마.

✎ ....

② 내게 거짓말하지 마.

✎ ....

③ 나를 실망시키지 마.

✎ ....

④ 무례하게 굴지 마.

✎ ....

⑤ 너무 지나치게 하지 마. / 오버하지 마.

✎ ....

⑥ 그렇게 이기적으로 굴지 마.

✎ ....

⑦ 그렇게 호들갑 떨지 마.

✎ ....

정답 **①** Don't blame anyone. **②** Don't lie to me. **③** Don't let me down. **④** Don't be rude. **⑤** Don't go overboard. **⑥** Don't be so selfish. **⑦** Don't be so dramatic.

뭔가 같이 하자고 제안할 때: 청유문

Let's ~.

공식 1

Let's + 동사원형.

~하자.

let은 '~하게 해 주다'라는 뜻입니다. 그래서 'Let us+동사원형' 하면 "우리가 ~하게 해 줘."라는 표현이 되죠. 즉, "(우리) ~하자."라는 뜻입니다. Let us는 거의 쓰이지 않고, Let's라고 축약해서 말하는 경우가 대부분이에요. 상대방과 뭔가 함께 하고 싶을 때 "Let's ~."로 말해 보세요.

Let's do it.	해 보자.
Let's eat out.	외식하자.
Let's just skip it.	그건 그냥 넘어가자.
Let's share it half and half.	반씩 나누자.
Let's get out of here.	여기서 나가자.
Let's go check.	가서 확인해 보자.
Let's be friends.	친구가 되자.
Let's be real for a second.	잠시 현실적으로 생각해 보자.
Let's be honest.	우리 솔직해지자.
Let's be adults.	어른답게 행동합시다.

Let's not + 동사원형.

~하지 말자.

"Let's ~."의 부정문은 어떻게 만들까요? Let's 뒤에 not을 붙여서 'Let's not+동사원형'으로 말
하면 됩니다. "갑시다!"는 "Let's go!"이고, 부정문인 "가지 맙시다!"는 "Let's not go!"가 되겠죠.
회화에서 많이 쓰는 예문만 모았으니, 소리 내어 말하면서 청유문에 익숙해지세요.

Let's not **go.**	가지 말자.
Let's not **talk about it.**	그 얘기는 하지 말자.
Let's not **get our hopes up.**	크게 기대하지 말자.
Let's not **see each other anymore.**	우리 더 이상 서로 보지 말자.
Let's not **give up now.**	지금 포기하지 말자.
Let's not **worry too much.**	너무 많이 걱정하지 말자.
Let's not **waste time.**	시간 낭비하지 말자.
Let's not **be late for work.**	직장에 지각하지 말자.
Let's not **be too negative.**	너무 부정적으로 굴지 말자.
Let's not **be picky.**	까다롭게 굴지 말자. / 편식하지 말자.

'go+동사원형'이라고 하면 '가서 ~하다'라는 표현입니다. 여기서는 **go check**이라고 했으니 '가서
확인하다'라는 뜻이 되죠. **get one's hopes up**은 '크게 기대하다'라는 의미예요.

Let's는 Let us의 축약형으로, 직역하면 '우리가 ~하게 해 주다'라는 뜻이죠. Let 뒤에 us 외에 다른 목적어가 올 때도 있어요. 일상회화에서 자주 쓰는 다음 예문들을 소리 내어 말하며 익혀 보세요.

1 **Let me try.** 내가 해 볼게.

"Let me+동사원형."은 "내가 ~할게."라는 뜻이에요.

Let me give it a shot. 내가 한번 해 볼게.
Let me tell you about it. 내가 너에게 그것에 대해 말해 줄게.

2 **Let me take a look.** 내가 한번 볼게.

여기서 "Let me ~."는 "I'll ~.(내가 ~할게.)"의 의미로 해석됩니다.

Let me help you. 내가 널 도와줄게.

3 **Let me finish.** 내가 끝까지 말하게 해 줘. / 내 말 끝까지 들어 줘.

"Let me ~."는 "내가 ~하게 해 줘."라고 부탁하는 의미로도 잘 쓰입니다.

Let me think about it. 생각 좀 해 볼게. / 생각할 시간을 줘.

4 **Let me know.** 나에게 알려 줘.

"내가 알게 해 줘.", 즉 "나에게 알려 줘."라고 해석하면 됩니다. 원어민이 대화 중에 자주 쓰는 표현이에요.

Let me know if you need anything. 뭐든 필요하면 나에게 알려 줘.
Let me know if anything is missing. 뭐가 없어지면 나에게 알려 줘.

5 **Let it go.** 그냥 놔 둬.

"Let it go."는 "그것이 가게 해라."라는 뜻이므로, "그쯤 해 둬.", "그냥 놔 둬."라는 의미로 쓰이는 표현이에요.

Let it be. 있는 그대로 둬.
Let it happen. 그 일이 일어나게 내버려 둬.

다음 힌트를 참고하여 문장을 영어로 말해 보세요.

☺ **힌트**

1 여기서 나가자.

get out of

2 드라이브하러 가자.

go for a drive

3 우리 그것에 대해 이야기해 보자.

talk about

4 가서 확인해 보자.

go check

5 똑똑하게 굴자.

smart

6 우리 진지하게 하자.

serious

7 오늘은 이만 끝냅시다.

call it a day

8 아직 취소하지 말자.

cancel, yet

9 성급하게 결론 내리지 말자.

jump to conclusions

10 냉소적으로 하지 말자.

cynical

11 지각하지 말자.

late

12 내가 한번 해 볼게.

give it a try

13 내가 그것에 대해 생각 좀 해 볼게.

think about

14 네가 뭐든 필요하면 나에게 알려 줘.

if you need anything

15 있는 그대로 둬.

be

정답은 다음 페이지에서 확인하세요. ➜

실생활 표현을 확인하며 크게 소리 내어 연습해 보세요.

1 Let's get out of here.

2 Let's go for a drive.

3 Let's talk about it.

4 Let's go check.

5 Let's be smart.

6 Let's be serious.

7 Let's call it a day.

8 Let's not cancel it yet.

9 Let's not jump to conclusions.

10 Let's not be cynical.

11 Let's not be late.

12 Let me give it a try.

13 Let me think about it.

14 Let me know if you need anything.

15 Let it be.

다음 문장을 영어로 써 보고 다시 한 번 복습해 보세요.

1 반씩 나누자.

✎ ....

2 어른답게 행동합시다.

✎ ....

3 외식하자.

✎ ....

4 크게 기대하지 말자.

✎ ....

5 까다롭게 굴지 말자. / 편식하지 말자.

✎ ....

6 내가 너에게 뭐 말해 줄게.

✎ ....

7 그 일이 일어나게 내버려 둬.

✎ ....

정답 **1** Let's share it half and half. **2** Let's be adults. **3** Let's eat out. **4** Let's not get our hopes up.
5 Let's not be picky. **6** Let me tell you something. **7** Let it happen.

상대방에게 부탁할 때: 조동사 can 의문문

Can you ~?

Can you + 동사원형?

~해 줄래? / ~해 줄 수 있어?

일상생활에서 상대방에게 뭐 좀 해 달라고 부탁해야 하는 경우가 많아요. 이럴 때 꼭 쓰는 만능 표현이 있어요. 바로 "Can you~?"입니다. 조동사는 '동사의 의미를 도와주는 역할'을 합니다. Can you 뒤에 동사원형을 붙여서 상대방이 해 주길 바라는 일을 표현하면 됩니다.

Can you help me with this?	나 이거 하는 것 좀 도와줄래?
Can you do me a favor?	내 부탁 하나 들어줄래?
Can you come to my birthday party?	너 내 생일 파티에 와 줄래?
Can you pick me up after work?	퇴근 후에 나 데리러 올 수 있어?
Can you tell me the time?	몇 시인지 말해 줄래?
Can you answer the phone?	전화 좀 받아 줄래?
Can you answer the door?	누가 왔는지 문에 나가 봐 줄래?
Can you show me the way?	길 좀 알려 주실 수 있나요?
Can you get me some coffee?	나에게 커피 좀 줄래?
Can you bring me some water?	나에게 물 좀 갖다 줄래?

Can I + 동사원형?

내가 ~해도 돼?

내가 어떤 일을 해도 되는지 상대방에게 허락을 구하거나 부탁하는 경우에 'Can I+동사원형?'으로 물어보면 됩니다. 조동사 can은 '~할 수 있다'라는 뜻 외에 '~해도 좋다', '~해도 된다'라는 허락의 의미도 있어요. 그래서 "내가 ~해도 될까요?"라고 물어볼 때 "Can I ~?"로 말하면 됩니다.

Can I ask you something?	너에게 뭐 좀 물어봐도 돼?
Can I have your number?	전화번호 좀 알려 줄래요?
Can I see this one?	이것 좀 봐도 될까?
Can I take pictures here?	여기서 사진 찍어도 되나요?
Can I go now?	나 지금 가도 돼?
Can I come in?	들어가도 돼?
Can I try this on?	이거 입어 봐도 될까요?
Can I see the menu?	메뉴 좀 봐도 될까요?
Can I have a bite?	한 입 먹어도 돼?
Can I have a sip?	한 모금 마셔도 돼?

"Can I have your number?"의 경우, 직역하면 "내가 당신 전화번호를 가져도 되나요?"라는 뜻이에요. 그 말은 "전화번호 좀 알려 줄래요?"라는 의미죠.

플러스 표현으로 실력 향상!

"Can you ~?(네가 ~해 줄래?)" 또는 "Can I ~?(나 ~해도 돼?)"는 일상 대화 속에 매우
자주 등장하는 패턴입니다. 공손한 뉘앙스를 더해 주는 조동사 활용법도 꼭 익혀 두세요.

❶ Can you tell me how to turn it on? 이거 어떻게 켜는 건지 알려 줄래?

> 'how to+동사원형'은 '~하는 방법'이라는 뜻입니다. Can you tell me 뒤에 'how to+동사원형'을 붙여서
> 더 구체적으로 표현할 수 있어요.

❷ Could you give me a ride? 저 좀 차로 태워다 주실 수 있나요?

> Can 대신 Could로 물어보면 더 공손한 뉘앙스를 갖게 됩니다. 예의를 갖춰서 말해야 하는 경우, Can 대신
> Could를 쓰면 돼요.

❸ Can I get a rain check? 다음으로 연기해도 될까요?

> rain check은 원래 야외 경기나 공연이 비가 와서 취소될 경우 '나중에 사용할 수 있도록 주는 티켓'입니다.
> 일상생활에서는 제안이나 초대를 거절하면서 다음으로 미룰 때 'get/have a rain check(다음을 기약하다)'
> 라는 의미로 자주 씁니다.

❹ Could I help you? 도와드릴까요?

> "Can I help you?"와 같은 뜻입니다. "Could I ~?"가 "Can I ~?"보다 더 공손한 표현이에요.

❺ May I leave work early today? 저 오늘 일찍 퇴근해도 되겠습니까?

> "제가 ~해도 되겠습니까?"라고 상대방에게 예의를 갖춰 공손하게 허락을 구할 때 "Can I ~?" 대신 "May I
> ~?"로 말할 수 있습니다. 직장 상사 또는 낯선 사람에게 말할 때 사용해 보세요.

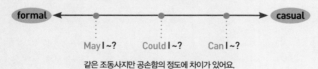

같은 조동사지만 공손함의 정도에 차이가 있어요.

다음 힌트를 참고하여 문장을 영어로 말해 보세요.

😊 **힌트**

1 몇 시인지 말해 줄래? | tell me the time

2 너 퇴근 후에 나 좀 데리러 올 수 있어? | pick me up

3 나에게 비밀번호 말해 줄 수 있니? | password

4 너 말 조심해 줄래? | watch the language

5 누가 왔는지 문에 나가 봐 줄래? | answer the door

6 창문 좀 열어 줄래? | open the window

7 나에게 그 책 빌려줄래? | lend me the book

8 여기 앉아도 되나요? | sit here

9 이거 입어 봐도 될까요? | try this on

10 나 너에게 얘기 좀 해도 될까? | talk to you

11 내가 다시 전화해도 될까? | call you back

12 한 모금 마셔도 돼? | have a sip

13 제가 들어가도 되겠습니까? | May

14 다음으로 연기해도 될까요? | a rain check

15 너에게 뭐 좀 물어봐도 돼? | ask you something

정답은 다음 페이지에서 확인하세요. ➡

실생활 표현을 확인하며 크게 소리 내어 연습해 보세요.

1 Can you tell me the time? ◀))

2 Can you pick me up after work? ◀))

3 Can you tell me the password? ◀))

4 Can you watch the language? ◀))

5 Can you answer the door? ◀))

6 Can you open the window? ◀))

7 Can you lend me the book? ◀))

8 Can I sit here? ◀))

9 Can I try this on? ◀))

10 Can I talk to you? ◀))

11 Can I call you back? ◀))

12 Can I have a sip? ◀))

13 May I come in? ◀))

14 Can I get a rain check? ◀))

15 Can I ask you something? ◀))

회화 공식으로 영작하기

다음 문장을 영어로 써 보고 다시 한 번 복습해 보세요.

1 내 부탁 하나 들어줄래?

✏️
....

2 내가 한 입 먹어도 돼?

✏️
....

3 이거 어떻게 켜는 건지 알려 줄래?

✏️
....

4 메뉴 좀 봐도 될까요?

✏️
....

5 저 오늘 일찍 퇴근해도 되겠습니까?

✏️
....

6 나 이거 하는 것 좀 도와줄래?

✏️
....

7 이거 입어 봐도 될까요?

✏️
....

정답 ❶ Can you do me a favor? ❷ Can I have a bite? ❸ Can you tell me how to turn it on? ❹ Can I see the menu? ❺ May I leave work early today? ❻ Can you help me with this? ❼ Can I try this on?

할 수 있다, 해도 된다고 말할 때: 조동사 can 긍정문
I can ~.

I can + 동사원형.
난 ~할 수 있어. / ~해 줄 수 있어.

"내가 해결할 수 있어." 또는 "내가 도와줄 수 있어."처럼 나의 능력과 가능성에 대해 말할 때 조동사 can을 이용하면 됩니다. 모든 조동사는 뒤에 동사원형을 써야 하므로, I can 뒤에도 동사원형을 붙여야 해요.

I can do this.	나 이거 할 수 있어.
I can make it.	난 성공할 수 있어.
I can handle it.	난 그거 해결할 수 있어.
I can do anything.	난 뭐든 할 수 있어.
I can get there in time.	난 제시간에 거기 도착할 수 있어.
I can understand that.	난 그거 이해할 수 있어.
I can drive you home.	내가 너 집까지 태워다 줄 수 있어.
I can come and help you.	내가 가서 너 도와줄 수 있어.
I can promise you one thing.	내가 너에게 한 가지는 약속할 수 있어.
I can give you a hand.	내가 너 도와줄 수 있어.

You can + 동사원형.

넌 ~할 수 있어. / ~해도 돼.

can은 '~할 수 있다'라는 능력과 가능성의 뜻 외에 다른 뜻도 갖고 있어요. '~해도 좋다', '~해도 된다'라는 허가, 허락의 의미로도 쓰입니다. 그래서 "You can ~."이라고 하면 "넌 ~할 수 있어."라는 뜻도 되고, "너 ~해도 돼."라는 뜻도 되는 거죠.

You can do it.	넌 그거 할 수 있어.
You can get over him.	넌 그를 잊을 수 있어.
You can watch movies any time.	넌 언제든지 영화를 볼 수 있어.
You can overcome your fears.	넌 두려움을 극복할 수 있어.
You can do better next time.	너 다음번에 더 잘할 수 있어.
You can stay with me here.	너 여기서 나랑 있어도 돼.
You can tell me anything.	나에게 뭐든 말해도 돼.
You can park here.	여기에 주차해도 돼.
You can use mine.	내 것을 사용해도 돼.
You can keep the change.	잔돈은 가지셔도 됩니다.

come은 단순히 '오다'라고만 해석하면 안 돼요. "I can come and help you."는 상대방 입장에서 내가 오는 것이기 때문에 come을 사용한 거고, 해석은 "내가 가서 도와줄 수 있어."라고 해야 해요.

플러스 표현으로 실력 향상!

조동사 can은 '~할 수 있다' 외에 다양한 뜻으로 쓰일 수 있어요. 실제 회화에서 자주 쓰는 문장을 통해 조동사 can의 뉘앙스를 익혀 보세요.

1 I can see your point. 무슨 말인지 알겠어.

직역하면 "너의 요점을 볼 수 있다."이므로 "네가 무슨 말하는 건지 알겠어."라는 뜻입니다.

2 I can tell. 난 알 수 있어.

"난 말할 수 있다."로만 해석하면 대화가 통하지 않을 수도 있어요. tell이 '알다', '알아차리다'라는 뜻으로도 쓰인다는 것을 꼭 알아 두세요.

> **I can just tell somehow.** 왜인지 모르겠지만 알겠어.
> **I can tell you're lying.** 네가 거짓말하고 있다는 걸 알 수 있어.

3 You can say that again. 내 말이 그 말이야.

상대방의 말에 맞장구 칠 때 하는 말로, "너 그 말 다시 해도 될 만큼 네 말에 완전 동의해."라는 뜻이에요.

4 It can be a good experience. 그건 좋은 경험이 될 수 있어.

can be는 '~일 수 있다', '~될 수 있다'로 해석할 수 있어요.

> **It can be a good chance.**
> 그건 좋은 기회가 될 수 있어.

5 It can happen to anyone. 그런 일은 누구에게나 일어날 수 있어.

happen은 '일이 일어나다', '발생하다'라는 뜻의 동사죠. "그럴 수 있어.", "누구에게든 일어날 수 있는 일이야."라고 상대방을 위로하며 말할 때 쓸 수 있는 문장이에요.

다음 힌트를 참고하여 문장을 영어로 말해 보세요.

☺ **힌트**

1 내가 너 집까지 바래다 줄 수 있어.
walk you home

2 난 널 위해 뭐든 할 수 있어.
do anything

3 난 성공할 수 있어.
make it

4 내가 너 도와줄 수 있어.
give you a hand

5 난 초과 근무를 할 수 있어.
work overtime

6 난 제시간에 거기 도착할 수 있어.
in time

7 내가 너에게 안내해 줄 수 있어.
give you a tour

8 넌 두려움을 극복할 수 있어.
overcome your fears

9 넌 이것보다 더 잘할 수 있어.
better than this

10 넌 네가 원하는 것을 할 수 있어.
what you want

11 너 나에게 뭐든 말해도 돼.
tell me anything

12 너 이제 가도 돼.
go now

13 너 그거 가져도 돼.
take it

14 난 알 수 있어.
tell

15 그건 좋은 기회가 될 수 있어.
a good chance

정답은 다음 페이지에서 확인하세요. ➡

실생활 표현을 확인하며 크게 소리 내어 연습해 보세요.

1 I can walk you home.

2 I can do anything for you.

3 I can make it.

4 I can give you a hand.

5 I can work overtime.

6 I can get there in time.

7 I can give you a tour.

8 You can overcome your fears.

9 You can do better than this.

10 You can do what you want.

11 You can tell me anything.

12 You can go now.

13 You can take it.

14 I can tell.

15 It can be a good chance.

STEP 3 회화 공식으로 영작하기

다음 문장을 영어로 써 보고 다시 한 번 복습해 보세요.

1 내가 가서 너 도와줄 수 있어.

🖉 ....

2 내가 너 집까지 태워다 줄 수 있어.

🖉 ....

3 그런 일은 누구에게나 일어날 수 있어.

🖉 ....

4 내 말이 그 말이야.

🖉 ....

5 넌 그를 잊을 수 있어.

🖉 ....

6 잔돈은 가지셔도 됩니다.

🖉 ....

7 난 그거 해결할 수 있어.

🖉 ....

정답 **1** I can come and help you. **2** I can drive you home. **3** It can happen to anyone. **4** You can say that again. **5** You can get over him. **6** You can keep the change. **7** I can handle it.

113

할 수 없다, 하면 안 된다고 말할 때: 조동사 can 부정문

I can't ~.

I can't + 동사원형.

난 ~할 수 없어. / ~못 해.

어떤 일을 할 수 없다고 말할 때 can 뒤에 not을 붙여서 말하면 됩니다. 여기서 주의할 것은 can의 부정문은 띄어쓰기 없이 cannot이라고 써야 한다는 거예요. cannot은 주로 can't로 축약해서 말합니다. I can't 뒤에 다양한 동사를 붙여 말해 보세요.

I can't stand it anymore.	더 이상 못 참겠어.
I can't do this anymore.	이거 더는 못하겠어.
I can't hear you.	네 목소리 잘 안 들려.
I can't believe it.	믿을 수가 없어.
I can't stop thinking about you.	네 생각을 멈출 수가 없어.
I can't live without coffee.	난 커피 없이 못 살아.
I can't wait any longer.	난 더 이상 못 기다려.
I can't take it.	난 받아들일 수 없어.
I can't tell jokes.	난 농담할 줄 몰라.
I can't let this happen.	난 이 일이 일어나게 놔둘 수 없어.

You can't + 동사원형.

넌 ~할 수 없어. / ~하면 안 돼.

상대방에게 "You can't ~."로 말하면 "넌 ~할 수 없어."라고 능력이나 상황이 안 되는 것을 말할 수 있어요. 또한 "~하면 안 돼."라고 허락되지 않는 것을 말하는 의미로도 많이 쓰입니다. 다음의 예문을 통해 뉘앙스 차이를 느껴 보세요.

You can't smoke here.	너 여기서 담배 피우면 안 돼.
You can't take pictures here.	너 여기서 사진 찍으면 안 돼.
You can't park here.	너 여기에 주차하면 안 돼.
You can't do this to me.	너 나에게 이러면 안 돼.
You can't keep making excuses.	너 계속 핑계를 만들 수는 없는 거야.
You can't just walk away.	너 그냥 그렇게 가 버리면 안 돼.
You can't talk to me that way.	너 나에게 그런 식으로 말하면 안 돼.
You can't beat me.	넌 나를 이길 수 없어.
You can't make it on time.	넌 정시에 도착할 수 없어.
You can't do everything by yourself.	너 혼자서 모든 것을 할 수는 없어.

---

 stop과 keep은 뒤에 동사를 붙일 때 꼭 -ing 형태로 붙여야 해요. on time은 '정각에', '정시에'라는 의미입니다.

플러스 표현으로 실력 향상!

회화에서 가장 많이 사용되는 조동사 can. 부정문까지 자신 있게 말할 수 있도록 다음의 예문을 소리 내어 말하며 익혀 보세요.

① I can't agree with you more. 네 말에 전적으로 동의해.

"더 이상 동의할 수 없을 정도로 전적으로 동의한다."라는 뜻이죠. 때로는 부정문이 강한 긍정의 의미를 전달할 때가 있어요.

② I can't stand working with him. 난 그와 함께 일하는 것 못 참겠어.

'I can't stand+명사'로 참을 수 없다는 표현을 할 수 있어요. I can't stand 뒤에 명사 형태의 표현을 붙여서 말하세요.

I can't stand it. 나 그거 못 참겠어.
I can't stand his lies. 난 그의 거짓말을 못 참겠어.

③ I can't believe it's already 12. 벌써 12시라니 믿을 수 없어.

"I can't believe that 주어+동사."의 어순으로 말하면, "~라니 믿어지지 않아/믿을 수 없어."라는 뜻이 됩니다. 이때 that은 보통 생략합니다.

I can't believe you're into him. 네가 그에게 반했다니 믿을 수 없어.

④ I can't tell. 모르겠어.

"I can tell.(알 수 있어.)"의 반대이므로 "모르겠어."라는 뜻입니다. tell은 보통 '말하다'의 의미로 사용되지만, 조동사 can과 함께 '알다', '판단하다'라는 의미로도 쓰입니다.

I can't tell if he's joking. 그가 농담하는 건지 아닌지 모르겠어.

⑤ You can't be serious! 너 진심 아니지!

"너 설마 진심일 리 없잖아!"라는 의미로, cannot be는 '~일 리가 없다'라는 뜻입니다.

It cannot be true. 그거 사실일 리 없어.

STEP 1 회화 공식 연습하기

다음 힌트를 참고하여 문장을 영어로 말해 보세요.

☺ 힌트

1 나 지금 당장은 말 못해.　　　　　　　 right now

2 난 그냥 넘길 수 없어.　　　　　　　　 let it go

3 난 믿을 수가 없어.　　　　　　　　　 believe it

4 난 받아들일 수 없어.　　　　　　　　 take it

5 난 너 없이 살 수 없어.　　　　　　　 without you

6 난 더 이상 못 참겠어.　　　　　　　　 stand it

7 난 숨을 쉴 수가 없어.　　　　　　　　 breathe

8 네가 그를 좋아한다니 믿을 수 없어.　　 you like him

9 네가 돈으로 모든 것을 다 할 수는 없는 거야.　 with money

10 너 모든 것을 다 가질 수는 없어.　　　 have it all

11 넌 나를 이길 수 없어.　　　　　　　　 beat me

12 너 나에게 이러면 안 돼.　　　　　　　 do this to me

13 너 여기서 담배 피우면 안 돼.　　　　　 smoke here

14 너 나에게 그런 식으로 말하면 안 돼.　　 that way

15 그거 사실일 리 없어.　　　　　　　　 true

정답은 다음 페이지에서 확인하세요. ➜

117

실생활 표현을 확인하며 크게 소리 내어 연습해 보세요.

1 I can't talk right now. ◀))

2 I can't let it go. ◀))

3 I can't believe it. ◀))

4 I can't take it. ◀))

5 I can't live without you. ◀))

6 I can't stand it anymore. ◀))

7 I can't breathe. ◀))

8 I can't believe you like him. ◀))

9 You can't do everything with money. ◀))

10 You can't have it all. ◀))

11 You can't beat me. ◀))

12 You can't do this to me. ◀))

13 You can't smoke here. ◀))

14 You can't talk to me that way. ◀))

15 It can't be true. ◀))

다음 문장을 영어로 써 보고 다시 한 번 복습해 보세요.

1 난 커피 없이 못 살아.

....

2 난 네 생각을 멈출 수가 없어.

....

3 네 말에 전적으로 동의해.

....

4 난 이 일이 일어나게 놔둘 수 없어.

....

5 너 여기서 사진 찍으면 안 돼.

....

6 너 혼자서 모든 것을 할 수는 없어.

....

7 너 계속 핑계를 만들 수는 없는 거야.

....

정답 **1** I can't live without coffee. **2** I can't stop thinking about you. **3** I can't agree with you more.
4 I can't let this happen. **5** You can't take pictures here. **6** You can't do everything by yourself. **7** You
can't keep making up excuses.

119

뭔가 할 거라고 의지를 표현할 때: 조동사 will 긍정문

I'll ~.

I'll + 동사원형.

난 ~할 거야. / 내가 ~할게.

"I will ~."이라고 말할 때는 "내가 ~할 거야.", "내가 ~할게."처럼 나의 '의지'가 들어 있어요. will은 막연한 미래를 나타내는 것이 아니라, 앞으로 내가 뭔가를 하겠다는 의지를 표현하는 조동사라는 것, 꼭 기억해 두세요. 회화에서는 보통 I will을 I'll로 축약해서 말합니다.

I'll try it again.	내가 그거 다시 해 볼게.
I'll go get some coffee.	내가 가서 커피 좀 가져올게.
I'll always love you.	난 언제나 널 사랑할 거야.
I'll pick up the tab.	내가 계산할게.
I'll walk you out.	내가 배웅해 줄게.
I'll think about it.	그것에 대해 생각해 볼게.
I'll have the salmon.	연어로 할게요. / 연어로 먹을게요. (식당에서 주문 시)
I'll be there for you.	난 네 곁에 있을 거야.
I'll be straight with you.	단도직입적으로 말할게.
I'll be more careful.	내가 더 조심할게.

You'll + 동사원형.

넌 ~할 거야.

"I will ~."은 "내가 ~할 거야."라고 주어인 '나'의 의지를 나타내는 말이죠. "You will ~."에서 will 은 의지를 표현하기보다 "넌 ~할 거야.", "넌 ~일 거야."라고 상대방의 앞으로 일이나 상황을 '예측' 하는 의미로 사용됩니다.

You'll see.	알게 될 거야.
You'll love this.	넌 이거 아주 좋아할 거야.
You'll get sick.	너 병나겠다.
You'll pass the exam.	넌 시험에 합격할 거야.
You'll miss the bus.	너 버스 놓칠 거야.
You'll lose your seat.	너 네 자리 뺏기게 될 거야.
You'll feel better after a good night's sleep.	하룻밤 잘 자고 나면 나아질 거야.
You'll be late.	너 늦겠다.
You'll be so busy tomorrow.	너 내일 아주 바쁠 거야.
You'll be okay.	너 괜찮을 거야.

 pick up the tab은 직역하면 '계산서를 집어 들다'라는 의미로, 보통 '계산하다'라는 뜻으로 쓰입니다.

플러스 표현으로 실력 향상!

대화 중에 날씨, 시간, 상황 등에 대해서 말해야 하는 경우가 많아요. 이때 주어를 It으로 문장을 말하면 됩니다. "It will ~.(= It'll ~.)"은 "~일 거야."라고 날씨나 상황 등을 예측하는 표현이 됩니다. 일상회화에서 자주 쓰는 문장들을 소리 내어 말해 보세요.

1 It will be sunny tomorrow. 내일 날씨가 화창할 거야.

sunny는 '화창한'이라는 뜻의 형용사이므로 It will be 뒤에 붙여서 말하면 됩니다. 조동사 뒤에는 반드시 동사원형을 써야 해요.

   It'll rain tomorrow. 내일 비가 올 거야.

2 It'll get colder. 날씨가 더 추워질 거야.

"날씨가 춥다."는 "It is cold."입니다. '추워지다'처럼 '어떤 상태가 되다'의 뉘앙스를 살려서 말하고 싶을 때는 동사 'get'을 쓰면 됩니다.

   It'll get warmer. 날씨가 더 따뜻해질 거야.

3 It will cost you an arm and a leg. 돈이 아주 많이 들 거야.

팔 하나와 다리 하나 값이 들만큼 '엄청나게 비싸다'라는 뜻이에요.

   It will cost you a fortune. 그건 거금이 들 거야.

4 It'll be alright. 잘 될 거야. / 괜찮을 거야.

별일 없을 거라고 상대방을 응원하거나 격려할 때 자주 쓰는 말이에요.

5 It'll take a while. 시간이 좀 걸릴 거야.

동사 take는 '시간이 걸리다'라는 뜻도 갖고 있어요.

   It'll only take 10 minutes. 10분밖에 안 걸릴 거야.

다음 힌트를 참고하여 문장을 영어로 말해 보세요.

😊 힌트

1 다음번에 내가 살게.   treat you

2 그것에 대해 생각해 볼게.   think about it

3 난 그거 내일까지 끝낼 거야.   get it done

4 내가 너에게 뭐 말해 줄게.   tell you something

5 내가 너 배웅해 줄게.   walk you out

6 난 네가 그리울 거야.   miss

7 내가 가서 그를 데려올게.   go get

8 난 바로 여기 있을게.   right here

9 넌 좋은 엄마가 될 거야.   a good mother

10 넌 최고가 될 거야.   the best

11 너 학교에 지각하겠다.   late for school

12 넌 버스 놓칠 거야.   miss the bus

13 넌 이거 후회할 거야.   regret

14 내일 비가 올 거야.   rain

15 그거 돈이 아주 많이 들 거야.   an arm and a leg

정답은 다음 페이지에서 확인하세요. ➡

실생활 표현을 확인하며 크게 소리 내어 연습해 보세요.

1 I'll treat you next time. 🔊

2 I'll think about it. 🔊

3 I'll get it done by tomorrow. 🔊

4 I'll tell you something. 🔊

5 I'll walk you out. 🔊

6 I'll miss you. 🔊

7 I'll go get him. 🔊

8 I'll be right here. 🔊

9 You'll be a good mother. 🔊

10 You'll be the best. 🔊

11 You'll be late for school. 🔊

12 You'll miss the bus. 🔊

13 You'll regret this. 🔊

14 It'll rain tomorrow. 🔊

15 It'll cost you an arm and a leg. 🔊

다음 문장을 영어로 써 보고 다시 한 번 복습해 보세요.

1 난 네 곁에 있을 거야.

🖉

2 내가 계산할게.

🖉

3 난 단도직입적으로 말할게.

🖉

4 하룻밤 잘 자고 나면 나아질 거야.

🖉

5 너 병나겠다.

🖉

6 날씨가 더 추워질 거야.

🖉

7 시간이 좀 걸릴 거야.

🖉

정답 **1** I'll be there for you. **2** I'll pick up the tab. **3** I'll be straight with you. **4** You'll feel better after a good night's sleep. **5** You'll get sick. **6** It'll get colder. **7** It'll take a while.

하지 않을 거라고 말할 때: 조동사 will 부정문

I won't ~.

I won't + 동사원형.

난 ~하지 않을 거야. / ~하지 않을게.

"난 ~하지 않을 거야.", "~하지 않을게."라고 내 의지를 표현할 때 조동사 will의 부정문을 사용하면
됩니다. I will 뒤에 not만 붙이면 되고, 회화에서는 보통 will not을 won't로 축약해서 말합니다.
아래 예문들을 꼭 소리 내어 말하며 연습하세요.

I won't say anything.	나 아무 말도 하지 않을 거야.
I won't say a word.	나 한 마디도 하지 않을 거야.
I won't forget that.	나 그거 잊지 않을게.
I won't do it again.	나 다시는 안 그럴게.
I won't let you down.	난 널 실망시키지 않을게.
I won't let that happen.	난 그런 일이 일어나게 그냥 두지 않을 거야.
I won't mention it again.	나 다시는 그것에 대해 언급하지 않을게.
I won't give up.	나 포기하지 않을게.
I won't listen to you.	난 네 말 듣지 않을 거야.
I won't fall for that.	난 거기에 속아 넘어가지 않을 거야.

You won't + 동사원형.

넌 ~하지 않을 거야.

I 대신 다른 주어를 넣어 will not를 사용하면 그 사람이 어떻게 될 것이라고 예측하는 의미가 됩니다. 사람이 아닌 주어를 쓰면 상황을 예측하는 의미도 되죠. 다양한 주어의 won't 회화 예문을 익혀 보세요.

You won't regret this.	넌 이거 후회하지 않을 거야.
You won't believe this.	넌 이거 믿지 않을 거야.
She won't come back.	그녀는 돌아오지 않을 거야.
She won't understand.	그녀는 이해하지 않을 거야.
She won't accept this.	그녀는 이걸 받아들이지 않을 거야.
He won't be late for work.	그는 직장에 지각하지 않을 거야.
He won't be satisfied.	그는 만족하지 않을 거야.
It won't be easy.	그건 쉽지 않을 거야.
It won't cost that much.	그건 비용이 그렇게 많이 들지는 않을 거야.
It won't take long.	시간이 오래 걸리지는 않을 거야.

 let someone down은 '~를 실망시키다'라는 표현입니다. take은 '~의 시간이 걸리다'라는 뜻인데, 시간을 구체적으로 표기하지 않고 take long이라고 하면 '시간이 오래 걸리다'라는 말이 되죠.

플러스 표현으로 실력 향상!

조동사가 있는 문장의 부정문은 조동사 뒤에 not만 붙이면 됩니다. will not의 축약형은
won't입니다. 동사 want와 구분해서 발음해야 합니다. 다양한 회화 예문을 소리 내어 말하
면서 익혀 보세요.

① I won't tolerate it. 난 참지 않을 거야.

> tolerate은 '(불쾌한 일 등을) 참다'라는 뜻입니다. 어떤 부당하거나 옳지 않은 일에 대해 "난 참지 않겠어."라
> 고 말할 때 자주 쓰는 표현이에요.
>
> **I won't tolerate bullying.**
> 난 약자를 괴롭히는 것을 참지 않을 거야.

② I won't be long. 나 오래 걸리지 않을 거야.

> 상대방에게 기다려 달라고 말하면서 "금방 올게."라는 의미로 쓰는 문장이에요.

③ I won't be free this weekend. 나 이번 주말에는 시간이 없을 거야.

> be free는 '여유 시간이 있다'라는 뜻입니다. I won't와 함께 쓰면 "난 시간이 안 날 거야."라는 의미가 됩니다.

④ It won't happen again. 다시는 그런 일 없을 거예요.

> 안 좋은 일이나 실수에 대해 사과할 때 쓰는 문장이에요.

⑤ It won't make any difference. 별 차이가 없을 거야.

> make a difference는 '변화를 가져오다', '영향을 주다'라는 뜻입니다. 어떤 일을 해도 아무 영향이나 변화
> 가 없을 것 같을 때 쓰는 문장이에요.

회화 공식 연습하기

다음 힌트를 참고하여 문장을 영어로 말해 보세요.

😊 **힌트**

1 난 그를 다시는 만나지 않을 거야.　　meet

2 난 그녀를 용서하지 않을 거야.　　forgive

3 나 다시는 안 그럴게.　　do it again

4 나 한 마디도 하지 않을 거야.　　say a word

5 난 참지 않을 거야.　　tolerate it

6 난 그런 일이 일어나게 그냥 두지 않을 거야.　　let that happen

7 난 그 계약서에 사인하지 않을 거야.　　sign the contract

8 난 너를 기다리지 않을 거야.　　wait for

9 너 이거 후회하지 않을 거야.　　regret

10 그녀는 내 충고를 받아들이지 않을 거야.　　accept my advice

11 그는 만족하지 않을 거야.　　satisfied

12 그건 쉽지 않을 거야.　　easy

13 그건 어렵지 않을 거야.　　difficult

14 그건 몇 주 동안은 끝나지 않을 거야.　　for a few weeks

15 다시는 그런 일 없을 거예요.　　happen again

정답은 다음 페이지에서 확인하세요. ➡

실생활 표현을 확인하며 크게 소리 내어 연습해 보세요.

① I won't meet him again.

② I won't forgive her.

③ I won't do it again.

④ I won't say a word.

⑤ I won't tolerate it.

⑥ I won't let that happen.

⑦ I won't sign the contract.

⑧ I won't wait for you.

⑨ You won't regret this.

⑩ She won't accept my advice.

⑪ He won't be satisfied.

⑫ It won't be easy.

⑬ It won't be difficult.

⑭ It won't be done for a few weeks.

⑮ It won't happen again.

다음 문장을 영어로 써 보고 다시 한 번 복습해 보세요.

① 난 널 실망시키지 않을게.

✎ ....

② 난 거기에 속아 넘어가지 않을 거야.

✎ ....

③ 나 다시는 그것에 대해 언급하지 않을게.

✎ ....

④ 그는 돌아오지 않을 거야.

✎ ....

⑤ 나 이번 주말에 시간이 없을 거야.

✎ ....

⑥ 별 차이가 없을 거야.

✎ ....

⑦ 난 약자를 괴롭히는 것을 참지 않을 거야.

✎ ....

정답 **①** I won't let you down.　**②** I won't fall for that.　**③** I won't mention it again.　**④** He won't come back.
⑤ I won't be free this weekend.　**⑥** It won't make any difference.　**⑦** I won't tolerate bullying.

상대방에게 공손하게 물어볼 때: 조동사 would 의문문

Would you ~?

Would you + 동사원형?

~해 주시겠어요?

상대방에게 어떤 것을 해 달라고 부탁하거나 어떤 일을 하겠냐고 의향을 물어볼 때 조금 더 예의를 갖춰 말하고 싶을 때가 있죠. 이때 "Will you ~?" 대신 "Would you ~?"를 사용하면 더 공손하게 부탁하는 문장이 됩니다. will의 과거형이라고 would를 과거로 해석하면 안 되고, will의 직접적인 느낌 대신 거리감을 줘서 격식 있는 말로 쓰인다는 것을 기억하세요.

Would you **please be quiet?**	조용히 해 주시겠어요?
Would you **spell your name?**	이름의 철자를 말씀해 주시겠어요?
Would you **tell me about yourself?**	당신에 대해 말씀해 주시겠어요?
Would you **speak up?**	크게 말씀해 주시겠어요?
Would you **wait for me?**	저를 기다려 주시겠어요?
Would you **be my friend?**	제 친구가 되어 주시겠어요?
Would you **do me a favor?**	제 부탁 하나 들어 주시겠어요?
Would you **do that for me?**	저를 위해 그렇게 해 주시겠어요?
Would you **keep that between us?**	그건 우리 사이의 비밀로 해 주시겠어요?
Would you **marry me?**	저와 결혼해 주시겠어요?

Would you like + 명사 / to + 동사원형?

~하시겠어요? / ~하고 싶으세요?

'would like (to) ~'는 'want (to) ~'의 공손한 표현이에요. "Do you want (to) ~?" 대신 "Would you like (to) ~?"를 쓰면 더 격식 있고 예의 바른 표현'이 됩니다. 나보다 윗사람에게 말할 때, 더 부드럽고 공손하게 말하고 싶을 때 "Would you like+명사?" 또는 "Would you like to+동사원형?"을 사용하세요.

Would you like **some coffee or tea?**	커피나 차 좀 드시겠어요?
Would you like **something to eat?**	먹을 것 좀 드시겠어요?
Would you like **a ride?**	태워 드릴까요?
Would you like **anything else?**	다른 거 더 필요하세요?
Would you like to **join us?**	저희와 함께 하시겠어요?
Would you like to **go to the movies with me?**	저와 영화 보러 가시겠어요?
Would you like to **stay for dinner?**	저녁 식사하고 가시겠어요?
Would you like to **go shopping with me?**	저와 쇼핑하러 가시겠어요?
Would you like to **see some samples?**	샘플 좀 보시겠어요?
Would you like to **say anything else?**	그 밖에 다른 말 하고 싶으세요?

---

keep ~ between us라고 하면 '~을 우리 사이에 가지고 있다'라는 말로, '비밀로 하다'라는 표현이에요. **else**는 '그 밖에 다른'이라는 뜻으로, **anything else**라고 하면 '그 밖에 다른 어떤 것'을 의미한답니다.

플러스 표현으로 실력 향상!

would로 질문하는 다양한 표현을 알아보겠습니다. 의문문 앞에 의문사를 붙이면 구체적으로 무엇이 궁금한지를 표현할 수 있어요.

❶ Would you mind if I ask your age? 제가 당신의 나이를 여쭤 봐도 괜찮을까요?

"Would you mind if I ~?"는 "제가 ~해도 될까요?"라는 뜻으로, 허락을 구하거나 정중히 부탁할 때 쓰는 표현입니다. 여기서 mind는 '마음에 꺼리다'라는 뜻으로, 나의 말이나 행동에 상대방이 꺼리지 않는지 물어보는 거죠.

❷ What would you like to do? 뭐 하고 싶으세요?

"너 뭐 하고 싶니?"라는 뜻의 "What do you want to do?"보다 공손한 표현으로, 윗사람 또는 예의를 갖춰야 할 때 쓰면 좋아요.

❸ When would you like to start your business? 언제 사업을 시작하고 싶으세요?

의문사를 문장 맨 앞에 붙여서 보다 구체적인 질문을 할 수 있어요.

Where would you like to stay?
어디에서 머물고 싶으세요?

❹ How would you like your steak done? 스테이크는 어느 정도 익혀 드릴까요?

"스테이크가 어떻게 요리되기를 원하시나요?"라는 뜻으로, 레스토랑에서 꼭 듣게 되는 질문이죠.

Medium, please. 미디엄으로 해 주세요.

❺ Why would you like to work with us? 왜 우리와 함께 일하고 싶으세요?

왜 하고 싶은지 이유를 물어볼 때는 의문사 why를 넣어 구체적으로 물어볼 수 있어요.

Why would you like to join this company?
왜 이 회사에 입사하고 싶으신가요?

STEP 1　회화 공식 연습하기

다음 힌트를 참고하여 문장을 영어로 말해 보세요.

😊 힌트

1 거기 가는 방법 좀 알려 주시겠어요? ⟶ how to get there

2 저를 위해 그렇게 해 주시겠어요? ⟶ do that for me

3 저에게 당신의 여권을 보여 주시겠어요? ⟶ show me your passport

4 조용히 해 주시겠어요? ⟶ please be quiet

5 크게 말씀해 주시겠어요? ⟶ speak up

6 저에게 물 좀 가져다주시겠어요? ⟶ bring me some water

7 뭔가 마실 것을 원하시나요? ⟶ something to drink

8 당신만의 사업을 하고 싶으세요? ⟶ own your business

9 프랑스 요리 한 점 드셔 보시겠어요? ⟶ try a French dish

10 저희와 함께 하시겠어요? ⟶ join us

11 와인 좀 맛보시겠어요? ⟶ taste the wine

12 그 밖에 다른 말 하고 싶으세요? ⟶ anything else

13 제가 당신의 나이를 여쭤 봐도 괜찮을까요? ⟶ ask your age

14 뭐 하고 싶으세요? ⟶ what

15 어디에 가고 싶으세요? ⟶ where

정답은 다음 페이지에서 확인하세요. ➡

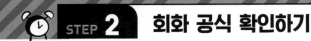
실생활 표현을 확인하며 크게 소리 내어 연습해 보세요.

1 Would you tell me how to get there?

2 Would you do that for me?

3 Would you show me your passport?

4 Would you please be quiet?

5 Would you speak up?

6 Would you bring me some water?

7 Would you like something to drink?

8 Would you like to own your business?

9 Would you like to try a French dish?

10 Would you like to join us?

11 Would you like to taste the wine?

12 Would you like to say anything else?

13 Would you mind if I ask your age?

14 What would you like to do?

15 Where would you like to go?

회화 공식으로 영작하기

다음 문장을 영어로 써 보고 다시 한 번 복습해 보세요.

1 제 부탁 하나 들어 주시겠어요?

✎ ....

2 그건 우리 사이의 비밀로 해 주시겠어요?

✎ ....

3 다른 거 더 필요하세요?

✎ ....

4 제주 어디에 머물고 싶으세요?

✎ ....

5 저녁 식사하고 가시겠어요?

✎ ....

6 저와 함께 쇼핑하러 가시겠어요?

✎ ....

7 언제 당신의 사업을 시작하고 싶으세요?

✎ ....

정답 ❶ Would you do me a favor? ❷ Would you keep that between us? ❸ Would you like anything else?
❹ Where would you like to stay in Jeju? ❺ Would you like to stay for dinner? ❻ Would you like to go
shopping with me? ❼ When would you like to start your business?

뭔가 하고 싶다고 공손하게 말할 때: would like to 긍정문

I'd like to ~.

I'd like + 명사 / to + 동사원형.

저는 ~하고 싶어요.

"Would you like (to) ~?"로 물어보면 상대방이 뭘 하고 싶은지 공손하게 물어보는 거였죠. "I would like (to) ~"라고 말하면 "저는 ~하고 싶어요."라고 바라는 것을 공손하게 표현하는 말이에요. 회화에서 I would는 주로 I'd로 축약해서 말합니다.

I'd like a cheeseburger.	치즈버거 하나 주세요.
I'd like a second opinion.	다른 의견도 듣고 싶어요.
I'd like a refill.	리필해 주세요.
I'd like to speak to John.	존과 통화하고 싶습니다.
I'd like to get a refund on this.	이거 환불 받고 싶습니다.
I'd like to take you out to dinner tonight.	오늘 밤 당신에게 저녁 식사를 대접하고 싶어요.
I'd like to book a table tonight.	오늘 밤 식사할 좌석을 예약하고 싶습니다.
I'd like to make a complaint about the noise.	소음 때문에 항의를 하고 싶습니다.
I'd like to propose a toast.	건배를 제안하고 싶습니다.
I'd like to ask you about your plans.	당신의 계획에 대해 묻고 싶습니다.

I'd like you to + 동사원형.

당신이 ~해 주시면 좋겠어요.

'I'd like to ~'에서 like 뒤에 'you'만 하나 추가되었죠? "I'd like you to ~."는 "저는 당신이 ~
해 주시면 좋겠어요."라는 뜻입니다. 상대방에게 바라는 점을 공손하게 말하는 표현이에요. 일상회
화에서 자주 쓰는 예문으로 익혀 보세요.

I'd like you to **come with me.**	당신이 저와 함께 가면 좋겠어요.
I'd like you to **do this.**	당신이 이걸 해 주면 좋겠어요.
I'd like you to **finish this by 7.**	당신이 7시까지 이걸 끝내길 바랍니다.
I'd like you to **be happy.**	당신이 행복하길 바랍니다.
I'd like you to **be in charge of this.**	당신이 이 일을 담당해 주면 좋겠어요.
I'd like you to **be there.**	당신이 거기 오면 좋겠어요.
I'd like you to **be honest.**	당신이 솔직했으면 좋겠어요.
I'd like you to **wait for me.**	당신이 나를 기다려 주면 좋겠어요.
I'd like you to **leave now.**	당신이 지금 떠나 주길 바랍니다.
I'd like you to **believe that.**	당신이 그걸 믿으면 좋겠어요.

통화할 때 **speak to** ~라고 하면 '~와 통화하다'라는 표현이 됩니다. **get a refund**는 '환불
받다'라는 표현이고, **be in charge of** ~는 '~을 담당하다'라는 뜻이에요.

원어민들은 'would like'이 들어간 표현을 일상생활에서 자주 사용해요. 의문문뿐만 아니라 긍정문에서도 공손하고 격식 있는 느낌을 주는 표현이에요. 다양한 필수 회화 예문을 소리 내어 말해 보세요.

❶ "I like ~." vs. "I'd like ~." 난 ~(하기)를 좋아해. vs. 저는 ~하고 싶어요.

would 하나로 의미 자체가 달라집니다. "I like ~."이라고 하면 "난 ~(하기)를 좋아해."라는 뜻이죠. 그런데 would를 넣어 "I would like ~."라고 하면 공손한 뉘앙스로 "~하고 싶어요."라는 뜻이 돼요.

❷ "I want to ~." vs. "I'd like to ~." 난 ~하고 싶어. vs. 저는 ~하고 싶어요.

"I want to ~."는 "난 ~하고 싶어."라는 뜻이죠. "I want to have a new car.(나 새 차 갖고 싶어.)"처럼 일상생활에서 자주 씁니다. 그런데 "I want to ~."를 너무 자주 쓰면 요구사항이 많은 사람처럼 들릴 수 있어요. 더 부드럽고 예의 있게 말해야 할 때에는 "I'd like to ~."로 말하는 게 좋습니다.

❸ I'd like a room with a view. 전망 좋은 방으로 주세요.

여행지에서 숙소를 구할 때 자주 쓰는 표현입니다.

    I'd like a room with a view of the ocean. 바다가 보이는 방으로 주세요.

❹ I'd like you to meet my co-worker, Jenny. 저의 동료 제니를 소개합니다.

"I'd like you to meet someone."은 두 사람을 서로 소개할 때 자주 쓰는 표현이에요.

    Jenny, I'd like you to meet my brother, Tom. 제니, 내 동생 톰을 소개할게요.

❺ I'd love to go to Paris this summer. 올 여름에 파리에 정말 가고 싶어요.

like 대신에 love를 넣어서 "I would love to ~."라고 말하면 "정말 ~하고 싶어요."라는 뜻이 됩니다. 뭔가를 하고 싶다는 감정을 더 강조한 표현이에요. "I'd love to, but I can't."는 "저도 정말 그러고 싶지만, 안 되겠네요."라고 누군가의 제안을 부드럽게 거절하는 표현이에요.

다음 힌트를 참고하여 문장을 영어로 말해 보세요.

😊 힌트

1 저는 당신을 더 알고 싶습니다.

know you better

2 건배를 제안하고 싶습니다.

propose a toast

3 통로 쪽 좌석이 좋겠습니다.

get an aisle seat

4 저는 환불 받고 싶습니다.

get a refund

5 리필해 주세요.

a refill

6 치즈버거 하나랑 감자튀김 주세요.

with French fries

7 전망 좋은 방으로 주세요.

a room with a view

8 저 할인해 주시면 좋겠어요.

give me a discount

9 당신이 그걸 기억해 주면 좋겠어요.

remember that

10 당신이 행복하길 바랍니다.

be happy

11 당신이 저에게 전화 주길 바랍니다.

give me a call

12 당신이 거기 오면 좋겠어요.

be there

13 당신이 그걸 고려해 주면 좋겠어요.

consider it

14 당신이 주방장이 되어 주길 바랍니다.

be the chef

15 저도 정말 그러고 싶은데, 안 되겠어요.

love to

정답은 다음 페이지에서 확인하세요. ➡

실생활 표현을 확인하며 크게 소리 내어 연습해 보세요.

1 I'd like to know you better. ◀»

2 I'd like to propose a toast. ◀»

3 I'd like to get an aisle seat. ◀»

4 I'd like to get a refund. ◀»

5 I'd like a refill. ◀»

6 I'd like a cheeseburger with French fries. ◀»

7 I'd like a room with a view. ◀»

8 I'd like you to give me a discount. ◀»

9 I'd like you to remember that. ◀»

10 I'd like you to be happy. ◀»

11 I'd like you to give me a call. ◀»

12 I'd like you to be there. ◀»

13 I'd like you to consider it. ◀»

14 I'd like you to be the chef. ◀»

15 I'd love to, but I can't. ◀»

회화 공식으로 영작하기

다음 문장을 영어로 써 보고 다시 한 번 복습해 보세요.

① 다른 의견도 듣고 싶어요.

✎ ....

② 소음 때문에 항의 좀 하고 싶습니다.

✎ ....

③ 올 여름 파리에 정말 가고 싶어요.

✎ ....

④ 당신의 계획에 대해 묻고 싶습니다.

✎ ....

⑤ 당신이 이 일을 담당해 주면 좋겠어요.

✎ ....

⑥ 당신이 내 친구를 만났으면 좋겠어요. / 당신에게 제 친구를 소개합니다.

✎ ....

⑦ 전망 좋은 방으로 주세요.

✎ ....

정답 ❶ I'd like a second opinion. ❷ I'd like to make a complaint about the noise. ❸ I'd love to go to Paris this summer. ❹ I'd like to ask you about your plans. ❺ I'd like you to be in charge of this. ❻ I'd like you to meet my friend. ❼ I'd like a room with a view.

뭔가 해야 하는지 물어볼 때: 조동사 should, have to 의문문

Should I ~?

Should I + 동사원형?

내가 ~해야 할까? / ~하는 게 좋을까?

조동사는 동사의 의미에 뉘앙스를 더해 주는 역할을 합니다. '~해야 한다'라는 말을 할 때 여러 가지 조동사가 동시에 떠오를 수 있어요. 회화에서 부드러운 어조로 "내가 ~해야 할까?", "~하는 게 좋을까?"라고 상대방의 조언이나 의견을 구할 때는 "Should I ~?"를 씁니다. "우리 ~해야 할까?", "우리 ~할까?"라고 물어볼 때는 "Should we ~?"를 씁니다.

Should I call her and apologize?	제가 그녀에게 전화를 걸어 사과해야 할까요?
Should I ask her out?	그녀에게 데이트 신청을 해야 할까?
Should I wear a suit?	제가 정장을 입어야 하나요?
Should I pick him up?	그를 차로 데리러 가야 할까?
Should I just give up?	그냥 포기하는 게 좋을까?
Should I say sorry?	내가 미안하다고 말해야 할까?
Should we continue?	우리 계속해야 할까?
Should we hire him?	우리가 그를 고용해야 할까?
Should we meet again tomorrow?	우리 내일 또 만날까?
Should we reschedule it?	우리 일정을 변경해야 할까?

Do I have to + 동사원형?

내가 꼭 ~해야만 하니?

'~해야 한다'라는 의미로 should 대신 have to를 쓰면 '의무'적인 느낌이 더 강해집니다. '내가 꼭 ~해야만 하니?'라는 강한 어감이 되죠. have to는 의미상으로 조동사의 성격을 갖고 있지만, 문법 적으로는 일반동사의 성격을 갖고 있어요. 그래서 have to가 들어간 의문문은 Do로 시작해야 합 니다. 주어가 3인칭 단수라면 Does로 바꿔야 한다는 것도 잊지 마세요.

Do I have to **do this?**	내가 꼭 이거 해야만 하나?
Do I have to **do it over?**	나 그거 꼭 다시 해야 해?
Do I have to **pay extra for that?**	그걸 위해 추가로 돈을 내야 하나요?
Do I have to **file an income tax return?**	소득세 신고를 꼭 해야 하나요?
Do you have to **apologize to him?**	너 그에게 꼭 사과해야 해?
Do you have to **tell her everything?**	너 꼭 그녀에게 모든 것을 말해야 해?
Do you have to **work late this evening?**	넌 오늘 저녁 늦게까지 일해야 하니?
Does he have to **say it like that?**	그는 말을 꼭 그렇게 해야 하나?
Does he have to **be so cynical?**	그는 꼭 그렇게 냉소적이어야 하나?
Does she have to **leave now?**	그녀는 지금 꼭 떠나야 하나?

 '~에게 데이트 신청을 하다'라는 표현은 **ask ~ out**이라고 해요. **do ~ over**은 '~을 다시 하다'라는 의미랍니다.

동사를 도와 말의 뉘앙스를 만들어 주는 조동사. should 또는 have to를 이용한 생활 속 다양한 회화 의문문을 말해 보세요.

① Should we call it a day? 우리 오늘은 그만할까요?

call it a day는 '하루 업무를 끝내다', '그만하기로 하다'라는 뜻입니다. 직장에서 퇴근할 때 자주 쓰는 표현이에요.

② What should I do? 나 어쩌면 좋지? / 어떻게 하지?

뭘 어떻게 해야 할지 몰라 상대방에게 조언을 구할 때 자주 쓰는 질문이에요. "Should I ~?" 앞에 의문사를 붙여 더 구체적인 질문을 만들 수 있어요.

What should I do with my life? 내 인생을 어떻게 해야 하지?

③ How should I know? 내가 어떻게 알아?

"Should I ~?" 앞에 붙는 의문사에 따라 궁금한 내용을 더 자세하게 물어볼 수 있어요.

When should I check in? 체크인은 언제 해야 하나요?
Where should I transfer trains? 어디에서 기차를 갈아타야 하나요?

④ Why should I listen to you? 왜 내가 네 말을 들어야 하는데?

상대방에게 뭔가 이유를 물으면서 따질 때 "Why should I ~?"로 물어봅니다.

Why should I care? 왜 내가 신경 써야 하는데?

⑤ How many times do I have to tell you? 내가 몇 번이나 너에게 말해 줘야 하니?

상대방이 같은 이야기를 여러 번 반복하게 할 때 자주 쓰는 표현이에요.

다음 힌트를 참고하여 문장을 영어로 말해 보세요.

😊 **힌트**

1 내가 그 제안을 받아들이는 게 좋을까? — take the offer

2 내가 그녀에게 데이트 신청을 해야 할까? — ask her out

3 제가 여기에 사인해야 하나요? — sign here

4 내가 그냥 포기하는 게 좋을까? — give up

5 내가 새로운 곳으로 이사 가는 게 좋을까? — move to

6 우리 내일 또 만날까? — meet again

7 우리 그거 구독 갱신을 해야 할까? — renew it

8 나 그거 다시 해야만 해? — do it over

9 내가 지금 당장 결정해야만 해? — make a decision

10 제가 그걸 위해 추가로 돈을 내야 하나요? — pay extra for that

11 내가 주차 자리를 예약해 놔야 해? — reserve a parking space

12 넌 말을 꼭 그렇게 해야 하니? — say it like that

13 넌 음악을 그렇게 크게 틀어야 하는 거니? — play the music

14 나 어쩌면 좋지? — what

15 왜 내가 네 말 들어야 하는 건데? — why, listen to

정답은 다음 페이지에서 확인하세요. ➡️

실생활 표현을 확인하며 크게 소리 내어 연습해 보세요.

1 Should I take the offer?

2 Should I ask her out?

3 Should I sign here?

4 Should I just give up?

5 Should I move to a new place?

6 Should we meet again tomorrow?

7 Should we renew it?

8 Do I have to do it over?

9 Do I have to make a decision right now?

10 Do I have to pay extra for that?

11 Do I have to reserve a parking space?

12 Do you have to say it like that?

13 Do you have to play the music so loud?

14 What should I do?

15 Why should I listen to you?

다음 문장을 영어로 써 보고 다시 한 번 복습해 보세요.

1 나 새로운 곳으로 이사하는 게 좋을까?

🖉

2 우리 계속해야 할까?

🖉

3 우리 오늘은 그만할까요?

🖉

4 내가 그에게 사과해야만 해?

🖉

5 저는 소득세 신고를 해야 하나요?

🖉

6 내가 몇 번이나 너에게 말해 줘야 하니?

🖉

7 넌 매사에 그렇게 냉소적이어야 하니?

🖉

정답 ① Should I move to a new place? ② Should we continue? ③ Should we call it a day? ④ Do I have to apologize to him? ⑤ Do I have to file an income tax return? ⑥ How many times do I have to tell you? ⑦ Do you have to be so cynical about everything?

뭔가를 해야 한다고 말할 때: 조동사 should, have to 긍정문

I should ~.

공식 1

I should + 동사원형.
나 ~해야겠어. / ~하는 게 좋겠어.

우리가 대화 중에 뭔가를 해야 한다고 말할 때가 많은데 "I should ~."는 "나 ~해야겠어.", "~하는 게 좋겠어."라고 다짐하는 의미를 나타냅니다. 반드시 꼭 해야 한다는 의무를 나타내는 말은 아니에요. "You should ~."라고 말하면 "너 ~하는 게 좋겠어."라고 충고나 조언을 해 주는 말이 됩니다.

I should **work out.**	나 운동해야겠어.
I should **rest at home.**	나 집에서 쉬는 게 좋겠어.
I should **go for a drive.**	나 드라이브하러 가야겠어.
I should **get going now.**	나 이제 가 봐야겠어.
I should **look on the bright side.**	난 긍정적으로 생각하는 게 좋겠어.
I should **apply for the job.**	나 그 직장에 지원해야겠어.
You should **try one more time.**	너 한 번 더 시도해 보는 게 좋겠어.
You should **cut down on carbohydrates.**	넌 탄수화물을 줄이는 게 좋겠어.
You should **socialize more.**	너 사람들과 더 많이 어울리는 게 좋겠어.
You should **organize your time better.**	넌 네 시간을 더 잘 짜 보는 게 좋겠어.

I have to + 동사원형.

나 ~해야 해.

"I should ~."가 스스로 다짐하는 느낌이라면 "I have to ~."는 의무적인 느낌이 강합니다. have to는 어떤 필요와 의무에 의해 꼭 해야만 하는 일을 말할 때 쓰는 표현입니다. have to는 의미상으로 조동사의 역할을 하지만 문법적으로는 일반동사의 성격을 따릅니다. 3인칭 단수가 주어일 때는 has to로 말해야 한다는 것에 주의하세요.

I have to do this now.	나 지금 이거 꼭 해야 해.
I have to do the laundry.	나 빨래해야 해.
I have to watch over my little brother.	난 내 남동생을 돌봐 줘야 해.
I have to get back to work.	난 다시 일하러 가야 해.
I have to fill out this form.	난 이 양식을 작성해야 해.
You have to make it up to me.	넌 나에게 만회해야 해.
You have to be more patient.	넌 더 인내해야 해.
He has to learn how to keep his temper.	그는 자기 성질을 억누르는 방법을 배워야 해.
He has to move to a new place.	그는 새로운 곳으로 이사 가야 해.
She has to work on Saturday.	그녀는 토요일에 일해야 해.

look on the bright side는 '밝은 쪽을 바라보다'라는 뜻이에요. 즉, '긍정적으로 생각하다'라는 의미죠. **make it up to someone**은 '~에게 손해를 만회하다/보상하다'라는 표현입니다.

플러스 표현으로 실력 향상!

"'~해야 한다'라는 표현이 영어에 왜 이렇게 많은 거죠?" 영어 공부가 조금씩 쌓이다 보면 이런 궁금증이 생깁니다. 비슷하지만 조동사마다 뉘앙스 차이가 있으니 다음 예문들을 통해 이것만은 꼭 알아 두세요.

1 I've got to go. 나 가야만 해.

> 회화 단골 표현인 'have got to ~'입니다. 'have to ~'처럼 의무적으로 꼭 해야 하는 일을 표현할 때 쓰는 말이에요. have to에 'got'을 추가해서 have got to라는 패턴이 생기고, 여기서 got to를 gotta로 축약해서 have to의 구어체 표현들이 생겼습니다.

2 I gotta get it fixed. 나 그거 수리 맡겨야 해.

> have to의 구어체 표현으로, have got to를 축약해서 gotta라고 쓴 것입니다. 원어민들은 일상회화에서 gotta를 매우 자주 씁니다. 편한 사이끼리 자주 쓰는 표현이므로, 예의를 갖춰야 하는 경우에는 have to를 쓰세요.

3 You should learn to budget better. 넌 돈을 더 계획성 있게 쓰는 법을 배우는 게 좋겠어.

> should는 꼭 해야 한다는 강한 느낌보다는 '부드럽게 조언, 충고해 주는 뉘앙스'를 만들어 줍니다. 돈 관리가 항상 안 되는 친구에게 더 강하게 말하고 싶을 때는 have to를 이용하세요.
> **You have to learn to budget better.** 넌 돈을 더 계획성 있게 쓰는 법을 배워야만 해.

4 You had better line up. 너 줄 서는 게 좋을 거다.

> had better는 '~하는 게 좋을 거다'라는 뜻으로, should와 비슷하게 느껴집니다. 하지만 should는 부드러운 조언의 느낌이라면, had better는 '~하는 게 좋을 거야, 그렇지 않으면 곤경에 처할 수도 있어'라는 '경고'의 의미가 내포되어 있어요. You'd better로 축약할 수 있고, had better 뒤에는 동사원형을 붙입니다.

5 You'd better come clean. 너 사실대로 털어놓는 게 좋을 거다.

> come clean은 '실토하다', '이실직고하다'라는 뜻입니다. "사실대로 말하는 게 좋을 걸. 안 그러면 너 큰일 난다."의 뉘앙스로 경고하는 말이에요.

152

다음 힌트를 참고하여 문장을 영어로 말해 보세요.

😊 **힌트**

1 나 이제 가 봐야겠어.　　　　　　get going

2 난 침묵하고 있어야겠어.　　　　　keep silent

3 난 헬스 좀 다녀야겠어.　　　　　 join a gym

4 나 그 직장에 지원해야겠어.　　　 apply for the job

5 난 내 행동에 책임을 져야겠어.　 take responsibility for

6 너 의사 진찰 받으러 가는 게 좋겠어.　 go to see a doctor

7 너 탄수화물을 줄이는 게 좋겠어.　 cut down on carbohydrates

8 너 옷 좀 차려입는 게 좋겠어.　　 dress up

9 난 다시 일하러 가야 해.　　　　 get back to work

10 나 지금 이거 꼭 해야 해.　　　　do this

11 내가 모든 것을 다 처리해야만 해.　 take care of everything

12 넌 나에게 만회해야 해.　　　　　make it up

13 그녀는 다른 사람들에게 더 잘해 줘야 해.　 be nicer

14 그는 자기 성질을 억누르는 방법을 배워야 해.　 how to keep his temper

15 너 줄 서는 게 좋을 거다.　　　　line up

정답은 다음 페이지에서 확인하세요. ➡

실생활 표현을 확인하며 크게 소리 내어 연습해 보세요.

1. I should get going now.

2. I should keep silent.

3. I should join a gym.

4. I should apply for the job.

5. I should take responsibility for my actions.

6. You should go to see a doctor.

7. You should cut down on carbohydrates.

8. You should dress up.

9. I have to get back to work.

10. I have to do this now.

11. I have to take care of everything.

12. You have to make it up to me.

13. She has to be nicer to others.

14. He has to learn how to keep his temper.

15. You'd better line up.

 STEP **3** 회화 공식으로 영작하기

다음 문장을 영어로 써 보고 다시 한 번 복습해 보세요.

1 난 긍정적으로 생각하는 게 좋겠어.

✎ ....

2 넌 네 시간을 더 잘 짜 보는 게 좋겠어.

✎ ....

3 너 사람들과 더 많이 어울리는 게 좋겠어.

✎ ....

4 난 새로운 곳으로 이사 가야만 해.

✎ ....

5 넌 더 인내해야만 해.

✎ ....

6 너 사실대로 털어놓는 게 좋을 거다. (had better)

✎ ....

7 난 내 차 수리를 맡겨야 해. (gotta)

✎ ....

정답 **1** I should look on the bright side. **2** You should organize your time better. **3** You should socialize more. **4** I have to move to a new place. **5** You have to be more patient. **6** You'd better come clean. **7** I gotta get my car fixed.

굳이 하지 않아도 된다고 말할 때: 조동사 should, have to 부정문

You shouldn't ~.

You shouldn't + 동사원형.
너 ~하지 않는 것이 좋겠어.

"You should ~."는 "너 ~하는 것이 좋겠어."의 의미로 충고와 조언의 뉘앙스를 담고 있죠? 부정
문인 "You should not ~."도 "너 ~하지 않는 게 좋겠어."라고 충고해 주는 말이 됩니다. 회화에
서 should not은 shouldn't로 축약해서 말합니다.

You shouldn't **go out.**	너 외출하지 않는 게 좋겠어.
You shouldn't **work too hard.**	너 너무 열심히 일하지 않는 게 좋겠어.
You shouldn't **drink too much.**	너 술을 너무 많이 마시지 않는 게 좋겠어.
You shouldn't **eat too much.**	너 너무 많이 먹지 않는 게 좋겠어.
You shouldn't **go alone.**	너 혼자 가지 않는 게 좋겠어.
You shouldn't **laugh at me.**	너 나를 비웃지 않는 게 좋겠다.
You shouldn't **go overboard.**	너 너무 지나치게 하지 않는 게 좋겠어.
You shouldn't **talk behind his back.**	넌 그의 뒷담화는 하지 않는 게 좋겠어.
You shouldn't **talk to him that way.**	너 그에게 그런 식으로 말하지 않는 게 좋겠어.
You shouldn't **work out late at night.**	너 밤늦게는 운동하지 않는 게 좋아.

I don't have to + 동사원형.

나 ~하지 않아도 돼.

'have to ~'는 꼭 해야 한다는 '의무'를 나타내는 말이죠. 그런데 부정문은 "~하면 안 돼."라는 의무가 아니라 "굳이 ~하지 않아도 돼."라는 좀 더 부드러운 뜻이 됩니다. 문법적으로 일반동사의 규칙을 따르는 have to는 부정문을 만들 때 have to 앞에 don't를 붙여서 "I don't have to ~."라고 합니다.

I don't have to **go to work today.**	나 오늘 출근하지 않아도 돼.
I don't have to **do it right now.**	나 그거 지금 당장 하지 않아도 돼.
I don't have to **be funny all the time.**	나 항상 웃길 필요는 없어.
I don't have to **worry about money any more.**	나 더 이상 돈 걱정 안 해도 돼.
I don't have to **tell him everything.**	난 그에게 모든 것을 다 말하지 않아도 돼.
You don't have to **say that.**	너 그런 말 하지 않아도 돼.
You don't have to **bring anything to my party.**	내 파티에 아무것도 안 가지고 와도 돼.
You don't have to **apologize to me.**	너 나에게 사과하지 않아도 돼.
You don't have to **raise your voice.**	언성 높일 필요는 없어.
You don't have to **know the details.**	넌 자세하게 알 필요 없어.

 다양한 부사를 많이 알아 두면 훨씬 풍부한 말을 만들 수 있어요. **all the time**(항상), **any more**(더 이상), **too much**(너무 많이), **late at night**(밤 늦게) 등 예문에 나온 부사를 잘 외워 두세요.

플러스 표현으로 실력 향상!

영어로 말할 때 부정문 만들기에 익숙하지 않은 경우가 많아요. should와 have to의 특징을
익히고 다양한 예문을 소리 내어 말해 보세요.

❶ You shouldn't speak so loud. 너 그렇게 크게 말하지 않는 게 좋겠어.

상대방에게 "너 ~하지 않는 게 좋겠어."라고 충고해 줄 때 "You shouldn't+동사원형."으로 말합니다.

❷ You don't have to be so mean. 너 그렇게 못되게 굴 필요 없잖아.

mean은 '못된', '심술궂은'이라는 뜻이 있어요. mean은 형용사이므로 be동사와 함께 써서 have to 뒤에
붙여 주면 됩니다. so는 '그렇게' 라는 뜻으로 mean을 강조해 주고 있어요.

❸ She doesn't have to be so rude to me. 그녀가 나에게 그렇게 무례할 필요는 없잖아.

조동사 have to를 부정문으로 말할 때 주어가 3인칭 단수이면 don't 대신 doesn't를 붙여 "He/She
doesn't have to+동사원형."으로 말합니다. have to가 문장에서 사용될 때 일반동사의 규칙을 따른다는
것을 꼭 기억하세요.

❹ You'd better not mess with him. 너 그에게 까불지 않는 게 좋을 걸.

had better은 "~하는 게 좋을 걸. 그렇지 않으면 큰일 나."라는 '경고'의 뉘앙스를 갖고 있죠. "너 ~하지 않
는 게 좋을 거다."라고 경고하려면 had better 뒤에 not을 붙이면 됩니다.

❺ You'd better not talk behind my back. 너 내 뒷담화하지 않는 게 좋을 거다.

"뒤에서 내 얘기하면 너 큰일 날 줄 알아."의 뉘앙스로 경고할 때, "You'd better not ~."을 이용해서 말하면
됩니다.

다음 힌트를 참고하여 문장을 영어로 말해 보세요.

😊 힌트

① 너 너무 열심히 일하지 않는 게 좋겠어.   work too hard

② 너 혼자 가지 않는 게 좋겠어.   go alone

③ 너 그에게 그런 식으로 말하지 않는 게 좋겠어.   talk to him

④ 너 너무 많이 먹지 않는 게 좋겠어.   eat too much

⑤ 넌 그녀를 과소평가하지 않는 게 좋겠어.   underestimate

⑥ 난 식료품 쇼핑하러 가지 않아도 돼.   go grocery shopping

⑦ 나 오늘 출근하지 않아도 돼.   go to work

⑧ 나 초과 근무하지 않아도 돼.   work overtime

⑨ 난 이거 오늘 끝내지 않아도 돼.   get this done

⑩ 나 그것에 대해 생각할 필요 없어.   think about it

⑪ 넌 날 불쌍하게 생각하지 않아도 돼.   feel sorry for me

⑫ 너 언성 높일 필요는 없어.   raise your voice

⑬ 너 그럴 필요 없어.   do that

⑭ 너 나에게 그렇게 못되게 굴 필요는 없잖아.   so mean to me

⑮ 너 내 뒷담화하지 않는 게 좋을 거다.   had better not

정답은 다음 페이지에서 확인하세요. ➡

실생활 표현을 확인하며 크게 소리 내어 연습해 보세요.

1 You shouldn't work too hard. ◀))

2 You shouldn't go alone. ◀))

3 You shouldn't talk to him that way. ◀))

4 You shouldn't eat too much. ◀))

5 You shouldn't underestimate her. ◀))

6 I don't have to go grocery shopping. ◀))

7 I don't have to go to work today. ◀))

8 I don't have to work overtime. ◀))

9 I don't have to get this done today. ◀))

10 I don't have to think about it. ◀))

11 You don't have to feel sorry for me. ◀))

12 You don't have to raise your voice. ◀))

13 You don't have to do that. ◀))

14 You don't have to be so mean to me. ◀))

15 You'd better not talk behind my back. ◀))

STEP 3 회화 공식으로 영작하기

다음 문장을 영어로 써 보고 다시 한 번 복습해 보세요.

1 너 배가 부를 때는 운동하지 않는 게 좋아.

🖉

....

2 너 그렇게 크게 말하지 않는 게 좋겠어.

🖉

....

3 너 나를 비웃지 않는 게 좋겠어.

🖉

....

4 나 한동안은 돈 걱정 안 해도 돼.

🖉

....

5 넌 자세하게 알 필요는 없어.

🖉

....

6 너 내 파티에 아무것도 안 가지고 와도 돼.

🖉

....

7 넌 나에게 까불지 않는 게 좋을 거다.

🖉

....

정답 **1** You shouldn't work out on a full stomach. **2** You shouldn't speak so loud. **3** You shouldn't laugh at me. **4** I don't have to worry about money for a while. **5** You don't have to know the details. **6** You don't have to bring anything to my party. **7** You'd better not mess with me.

161

UNIT 26

뭔가 있냐고 물어볼 때: Is/Are there 의문문

Is there ~?

공식 1

Is there (any) + 단수명사?

~이 있나요?

"무슨 문제가 있어?", "냉장고에 물 좀 있어?"처럼 뭔가가 있는지 물어보고 싶을 때는 "Is there ~?"로 말하면 됩니다. be동사의 의문문은 be동사의 위치만 맨 앞으로 보내 주면 되죠. "Is there a(n)+단수명사?" 또는 "Is there any+셀 수 없는 명사?"로 물어봅니다. 이때 any는 '조금', '약간' 이라는 뜻입니다.

Is there a smaller one?	더 작은 사이즈도 있나요?
Is there a restaurant in this hotel?	이 호텔 안에 식당이 있나요?
Is there a swimming pool near here?	이 근처에 수영장이 있나요?
Is there a late fine?	연체 벌금이 있나요?
Is there a problem?	문제가 있나요?
Is there a better way to spend the day?	하루를 보내는 더 좋은 방법이 있나요?
Is there any time to go shopping?	쇼핑하러 갈 시간 좀 있니?
Is there any coffee left?	커피 좀 남은 거 있니?
Is there any milk in the fridge?	냉장고 안에 우유가 좀 있니?
Is there any doubt about it?	그것에 대해 무슨 의문점이 있나요?

162

Are there any + 복수명사?

～들이 있나요?

셀 수 있는 무언가가 2개 이상 있을 때, "Are there any ～?"로 질문할 수도 있어요. 이때 주의할 점은 be동사 현재형 중 'Are'로 시작했기 때문에 Are there 뒤에 오는 명사는 반드시 복수형이어야 합니다. 그러므로 셀 수 없는 명사는 올 수 없어요.

Are there any **other questions?**	다른 질문들이 있나요?
Are there any **messages for me?**	저에게 온 메시지들이 있나요?
Are there any **good restaurants around here?**	근처에 맛있는 음식점들이 있나요?
Are there any **English speakers here?**	여기 영어 할 줄 아는 사람 좀 있나요?
Are there any **good movies to see?**	볼 만한 좋은 영화들이 있나요?
Are there any **other options?**	다른 선택 사항들이 있나요?
Are there any **specific reasons?**	무슨 구체적인 이유가 있나요?
Are there any **side effects?**	부작용들이 있나요?
Are there any **coins in your bag?**	네 가방 속에 동전이 좀 있니?
Are there any **memorable scenes in the movie?**	그 영화에서 기억에 남는 장면들이 좀 있나요?

---

 small 같은 형용사에 -er을 붙이면 '더 작은'이라는 비교급의 의미를 나타낼 수 있습니다.

플러스 표현으로 실력 향상!

영어에서는 명사 주어가 단수냐 복수냐에 따라 be동사도 일치시켜서 말해 줘야 합니다. "Is there a ~?", "Is there any ~?", "Are there any ~?" 등을 구분해서 문장을 만들고 말해 보세요.

1 Is there a bus from downtown to the airport? 시내에서 공항 가는 버스가 있나요?

여행지에서 교통편을 물어볼 때 자주 쓰는 표현입니다.

Is there a regular bus service to the airport?
공항까지 정기적으로 다니는 버스가 있나요?

2 Is there any room for me? 제가 탈 자리가 있나요?

방을 구하는 상황 아닌데 이 문장을 쓰는 경우가 있어요. 여기에서 room은 '방'이 아니라, '사람 또는 물건이 차지하는 공간 및 자리'를 뜻합니다.

Is there enough room for me in the car? 그 차에 내가 탈 충분한 자리가 있니?

3 Is there anything new at the office? 사무실에 무슨 새로운 일이라도 있나요?

Is there 뒤에 단수 취급되는 anything이 올 수 있어요. anything은 '무엇', '아무것'이라는 뜻인데, 뒤에 오는 형용사의 수식을 받으면 'anything new(뭔가 새로운 것)'라는 뜻이 됩니다.

Is there anything else? 또 뭔가 있나요?

4 Are there any good houses on the market around here?
이 근처에 좋은 집 나온 거 있나요?

복수명사는 be동사 are와 함께 써야 한다는 것을 기억하세요. on the market은 말 그대로 '시장에 나와 있는', 즉 '팔려고 내놓은'이라는 뜻입니다.

5 Are there any faster trains available? 더 빠른 기차 편이 남아 있나요?

여기서 available은 '이용할 수 있는'이라는 뜻입니다. 이용 가능한 더 빠른 기차편이 있는지 물어보는 문장이에요.

Is there another flight available for me at 10?
10시에 제가 이용할 수 있는 다른 비행 편이 있나요?

 STEP **1** 회화 공식 연습하기

다음 힌트를 참고하여 문장을 영어로 말해 보세요.

😊 힌트

1 이 근처에 서점이 있나요?
a bookstore

2 연체 벌금이 있나요?
a late fine

3 피자 남은 거 좀 있니?
any pizza left

4 냉장고 안에 치즈가 좀 있니?
any cheese

5 쇼핑하러 갈 시간 좀 있니?
any time

6 더 큰 사이즈도 있나요?
a bigger one

7 그 호텔에 수영장이 있나요?
a swimming pool

8 저에게 온 메시지가 좀 있나요?
any messages

9 무슨 구체적인 이유라도 있니?
any specific reasons

10 다른 이유들이 있니?
any other reasons

11 남아 있는 콘서트 표가 있나요?
any tickets left

12 근처에 맛있는 음식점들이 있나요?
any good restaurants

13 그 영화에서 기억에 남는 장면들이 좀 있니?
any memorable scenes

14 그 차에 내가 탈 충분한 자리가 있니?
enough room for me

15 또 뭔가 있나요?
anything else

정답은 다음 페이지에서 확인하세요. ➡

회화 공식 확인하기

실생활 표현을 확인하며 크게 소리 내어 연습해 보세요.

1 Is there a bookstore near here?

2 Is there a late fine?

3 Is there any pizza left?

4 Is there any cheese in the fridge?

5 Is there any time to go shopping?

6 Is there a bigger one?

7 Is there a swimming pool in the hotel?

8 Are there any messages for me?

9 Are there any specific reasons?

10 Are there any other reasons?

11 Are there any tickets left for the concert?

12 Are there any good restaurants around here?

13 Are there any memorable scenes in the movie?

14 Is there enough room for me in the car?

15 Is there anything else?

STEP 3 회화 공식으로 영작하기

다음 문장을 영어로 써 보고 다시 한 번 복습해 보세요.

1 하루를 보내는 더 좋은 방법이 있나요?

/ ....

2 커피 좀 남은 거 있니?

/ ....

3 시내에서 공항까지 가는 버스가 있나요?

/ ....

4 볼 만한 좋은 영화들이 좀 있나요?

/ ....

5 다른 선택 사항들이 좀 있나요?

/ ....

6 이 근처에 좋은 집 나온 거 있나요?

/ ....

7 사무실에 무슨 새로운 일이라도 있나요?

/ ....

정답 **1** Is there a better way to spend the day? **2** Is there any coffee left? **3** Is there a bus from downtown to the airport? **4** Are there any good movies to see? **5** Are there any other options? **6** Are there any good houses on the market around here? **7** Is there anything new at the office?

뭔가 있다고 설명할 때: There is/are 긍정문

There is ~.

There is + 단수명사.

~이 있어.

"~이 있어."라고 말할 때 There은 '그곳'이라는 의미로 해석하지 않고 맨 앞에서 문장을 이끌어 주는 요소라고 생각해야 합니다. 'There be ~' 문장의 주어는 be동사 뒤에 나옵니다. 주어가 단수명사라면 be동사를 "There is ~."로 맞춰 줍니다. There is는 There's로 축약해서 말해요.

There is a book on the desk.	책상 위에 책 한 권이 있어.
There is a big park near my house.	우리 집 근처에 큰 공원이 하나 있어.
There is a man in the lobby.	로비에 한 남자가 있어.
There is a page missing.	한 페이지가 빠져 있어.
There is a reason for everything.	모든 것에는 이유가 있어.
There's a train at 11:30.	11시 30분에 기차가 있어.
There's a difference between the two.	그 둘 사이에 차이점이 하나 있어.
There's some water in the fridge.	냉장고 안에 물이 조금 있어.
There's some money in my bag.	내 가방에 돈이 조금 있어.
There's some butter left.	버터가 좀 남아 있어.

There are + 복수명사.

~들이 있어.

여러 개가 있다고 말할 때는 "There are ~."로 표현합니다. "There are two books on the desk.(책상 위에 책이 2권 있어.)"처럼 구체적인 개수를 말해도 됩니다. '조금 있다'라고 할 때는 'There are some ~', '많이 있다'라고 할 때는 'There are a lot of/many ~'로 말해요.

There are **some books on the desk.**	책상 위에 책이 몇 권 있어.
There are **a lot of trees in the park.**	그 공원에 나무가 많이 있어.
There are **some people in the office.**	사무실 안에 사람들이 좀 있어.
There are **four in my family.**	우리 가족은 4명이야.
There are **some problems.**	몇 가지 문제가 있어.
There are **three options.**	세 가지 선택지가 있어.
There are **a lot of expectations for him.**	그에 대한 기대가 많아.
There are **some differences between the two.**	그 둘 사이에 몇 가지 차이점이 있어.
There are **so many things to do.**	할 일이 너무 많아.
There are **many good comments on this video.**	이 영상에 좋은 댓글이 많아.

 water, money, butter처럼 한 개, 두 개로 셀 수 없는 명사들은 그 앞에 'a'는 붙일 수 없지만, 단수 취급하기 때문에 be동사를 is로 씁니다.

플러스 표현으로 실력 향상!

영어는 단수, 복수를 구분해서 말하는 특징을 갖고 있죠. "There is ~.", "There are ~."는 be동사 뒤에 오는 주어에 따라 결정됩니다. water, salt, bread처럼 셀 수 없는 명사는 단수 취급한다는 것도 꼭 기억해 두세요.

❶ There is a good chance of winning. 이길 가능성이 높아.

> "There is a good chance."는 "가능성이 높아."라는 뜻입니다.
>
> **There's a good chance of getting a scholarship.** 장학금을 받을 가능성이 높아.

❷ There's only one way. 방법은 하나뿐이야.

> way는 '방법' 또는 '길', '도로'로 해석될 수 있어요.
>
> **There's only one way out of this.** 여기서 나가는 길(방법)은 하나뿐이야.

❸ There's a lot of salt in my soup. 내 수프에 소금이 많이 들어 있어.

> salt, sugar, water, bread처럼 셀 수 없는 명사는 양이 적든 많든 단수 취급합니다. "There is some/a lot of+셀 수 없는 명사."라고 해야 하죠.
>
> **There's some bread on the table.** 탁자 위에 빵이 좀 있어.

❹ There's something special about her. 그녀에게 뭔가 특별한 것이 있어.

> something, anything, nothing처럼 -thing으로 끝나는 단어는 단수 취급합니다. 'something special(뭔가 특별한 것)'처럼 something은 형용사가 뒤에서 수식해 줍니다.
>
> **There's something weird about her.** 그녀에게 뭔가 이상한 게 있어.

❺ There's nothing more to say. 더 이상 할 말이 없어.

> "There's something."은 "뭔가 있어."라는 뜻이지만, "There's nothing."은 "전혀 없어."라는 뜻입니다.
>
> **There's nothing wrong.** 잘못된 게 전혀 없어요. / 아무 이상 없어요.

다음 힌트를 참고하여 문장을 영어로 말해 보세요.

😊 **힌트**

① 모퉁이에 좋은 카페가 하나 있어.　　on the corner

② 탁자 위에 연필이 하나 있어.　　on the table

③ 한 페이지가 빠져 있어.　　missing

④ 네 앞으로 편지 한 통이 와 있어.　　a letter for you

⑤ 내 수프에 머리카락이 하나 있어.　　in my soup

⑥ 냉장고 안에 주스가 좀 있어.　　in the fridge

⑦ 존이라는 이름의 한 남자가 있어.　　a man named John

⑧ 내 가방 속에 책이 3권 있어.　　in my bag

⑨ 그 공원에 큰 나무가 많이 있어.　　a lot of big trees

⑩ 몇 가지 선택 사항이 있어.　　options

⑪ 그 식당에 사람이 너무 많아.　　so many people

⑫ 영어 알파벳에는 26개의 철자가 있어.　　letters in the English alphabet

⑬ 할 일이 너무 많아.　　so many things

⑭ 그에게 뭔가 이상한 점이 있어.　　something weird

⑮ 방법은 하나뿐이야.　　only one way

정답은 다음 페이지에서 확인하세요. ➡

171

실생활 표현을 확인하며 크게 소리 내어 연습해 보세요.

① There's a good café on the corner.

② There's a pencil on the table.

③ There's one page missing.

④ There's a letter for you.

⑤ There's a hair in my soup.

⑥ There's some juice in the fridge.

⑦ There's a man named John.

⑧ There are three books in my bag.

⑨ There are a lot of big trees in the park.

⑩ There are some options.

⑪ There are so many people in the restaurant.

⑫ There are twenty-six letters in the English alphabet.

⑬ There are so many things to do.

⑭ There's something weird about him.

⑮ There's only one way.

STEP 3 회화 공식으로 영작하기

다음 문장을 영어로 써 보고 다시 한 번 복습해 보세요.

1 모든 것에는 이유가 있어.

✏️

....

2 병 안에 물이 좀 있어.

✏️

....

3 이길 가능성이 높아.

✏️

....

4 그 둘 사이에 차이점이 하나 있어.

✏️

....

5 이 영상에 좋은 댓글이 아주 많아.

✏️

....

6 내 사무실 안에 많은 사람들이 있어.

✏️

....

7 잘못된 게 전혀 없어요.

✏️

....

정답 **1** There is a reason for everything. **2** There's some water in the bottle. **3** There is a good chance of winning. **4** There's a difference between the two. **5** There are so many good comments on this video. **6** There are a lot of people in my office. **7** There's nothing wrong.

173

뭔가가 전혀 없다고 말할 때: There is/are 부정문

There isn't any ~.

There isn't (any) + 단수명사.
~이 전혀/하나도 없어.

"지갑에 돈이 하나도 없어.", "책이 한 권도 없어.", "마실 물이 없어."처럼 뭔가가 하나도 없다고 말할 때 There is의 부정문을 쓰면 됩니다. 'not any ~'는 '조금도 아니다'라는 뜻이므로 "There isn't any ~."는 "~이 조금도 없어."가 됩니다. 단수명사 대신 셀 수 없는 명사에도 is를 사용합니다.

There isn't **a hotel near here.**	이 근처에 호텔이 없어.
There isn't **a book in this room.**	이 방에는 책이 없어.
There isn't **a freezer in the kitchen.**	주방에 냉동고가 없어.
There isn't **a perfect way.**	완벽한 방법은 없어.
There isn't any **sugar.**	설탕이 하나도 없어.
There isn't any **trouble.**	아무 문제 없어.
There isn't any **room for you.**	너를 위한 자리가 없어.
There isn't any **time to explain.**	설명할 시간이 없어.
There isn't any **food in the house.**	집에 음식이 하나도 없어.
There isn't any **ice in the fridge.**	냉장고에 얼음이 하나도 없어.

There aren't any + 복수명사.

~들이 전혀/하나도 없어.

의문문과 긍정문에 이어 반복해서 나오는 단수와 복수 구분입니다. There aren't any 다음에 '셀 수 있는 명사의 복수형'을 써 주세요. 복수명사는 be동사 are와 함께 써 줘야 한다는 것을 꼭 기억하세요.

There aren't any **tables available tonight.**	오늘 밤 이용 가능한 테이블이 하나도 없어요. / 예약이 다 찼어요.
There aren't any **buses after midnight.**	자정 후에는 버스가 한 대도 없어.
There aren't any **window seats left.**	창가 자리는 남은 게 하나도 없어요.
There aren't any **stars in the sky.**	하늘에 별이 하나도 없어.
There aren't any **books in this room.**	이 방에는 책이 한 권도 없네.
There aren't any **people on the street.**	거리에 사람이 아무도 없어.
There aren't any **cookies in the box.**	그 상자 안에 쿠키가 하나도 없어.
There aren't any **written records.**	문서 기록이 전혀 없어.
There aren't any **scheduled flights.**	예정된 비행 편이 하나도 없습니다.
There aren't any **good examples.**	좋은 예가 전혀 없어요.

 여기서 쓰인 room은 '방'이라는 의미가 아니라 '여지', '공간' 등의 의미로 사용되었습니다.

플러스 표현으로 실력 향상!

"There isn't a+셀 수 있는 단수명사.", "There isn't any+셀 수 없는 명사.", "There aren't any+셀 수 있는 복수명사." 등으로 셀 수 있는 명사와 셀 수 없는 명사, 셀 수 있는 명사의 단수와 복수를 구분해서 말하는 연습을 충분히 해 보세요.

1 **There's no coffee left.** 남은 커피가 없어.

"There's no ~."는 셀 수 있는 명사나 셀 수 없는 명사 구분 없이 "~가 없어."라고 말할 수 있는 표현이에요.

There's no way out. 빠져나갈 방법이 없어.

2 **There's no place like home.** 집 만한 곳이 없어.

"There's no ~ like ···."는 "···와 같은 ~는 없다."라는 뜻으로, "···가 최고다."라는 뜻이에요.

There's no one like you. 당신 같은 사람은 없어요.

3 **There's no time to lose.** 지체할 시간이 없어.

서둘러야 할 때 자주 쓰는 표현입니다. "~할 시간 없어."라고 말할 때 "There's no time to+동사원형."을 씁니다.

There's no time to explain. 설명할 시간이 없어.

4 **There isn't much cheese in the fridge.** 냉장고에 치즈가 그렇게 많지 않아.

어떤 것의 양을 표현할 때, "있긴 있는데 많지는 않아."라고 말하려면 "There isn't much ~."를 씁니다. 뒤에는 셀 수 없는 명사만 와야 해요.

There isn't much traffic now. 지금은 교통 체증이 그리 심하지 않아.

5 **There aren't many people in the restaurant.** 그 식당에는 사람이 그렇게 많지 않아.

사람 수 또는 사물의 개수가 "많지는 않아."라고 할 때, "There aren't many ~."로 말하면 됩니다. 수와 관련된 표현이므로 There aren't many 다음에는 셀 수 있는 명사의 복수형을 쓰세요.

There aren't many suitable job openings for me.
나에게 마땅한 일자리가 많지 않아.

 **STEP 1** 회화 공식 연습하기

다음 힌트를 참고하여 문장을 영어로 말해 보세요.

😊 **힌트**

1. 이 근처에 은행이 없어. a bank

2. 네 가방에 책이 한 권도 없어. a book

3. 냉장고에 물이 하나도 없어. any water

4. 너를 위한 자리가 없어. any room

5. 감기에 먹을 약이 하나도 없어. any medicine

6. 집에 음식이 하나도 없어. any food

7. 오늘 밤 이용 가능한 테이블이 하나도 없어요. any tables available

8. 탁자 위에 컵이 하나도 없어. any cups

9. 예정된 비행 편이 전혀 없어요. any scheduled flights

10. 하늘에 별이 하나도 없어. any

11. 거리에 차가 하나도 없어. any cars

12. 좋은 예가 전혀 없어. any good examples

13. 빠져나갈 방법이 없어. no way

14. 지체할 시간이 없어. no time

15. 나에게 마땅한 일자리가 많지 않아. many suitable job openings

정답은 다음 페이지에서 확인하세요. ➡

177

실생활 표현을 확인하며 크게 소리 내어 연습해 보세요.

1 There isn't a bank near here. ◀))

2 There isn't a book in your bag. ◀))

3 There isn't any water in the fridge. ◀))

4 There isn't any room for you. ◀))

5 There isn't any medicine for a cold. ◀))

6 There isn't any food in the house. ◀))

7 There aren't any tables available tonight. ◀))

8 There aren't any cups on the table. ◀))

9 There aren't any scheduled flights. ◀))

10 There aren't any stars in the sky. ◀))

11 There aren't any cars on the street. ◀))

12 There aren't any good examples. ◀))

13 There's no way out. ◀))

14 There's no time to lose. ◀))

15 There aren't many suitable job openings for me. ◀))

STEP 3 회화 공식으로 영작하기

다음 문장을 영어로 써 보고 다시 한 번 복습해 보세요.

① 설탕이 하나도 없어.

🖉 ....

② 집 만한 곳이 없어. (no)

🖉 ....

③ 창가 자리는 남은 게 하나도 없어요.

🖉 ....

④ 예정된 비행 편이 전혀 없어요.

🖉 ....

⑤ 좋은 예가 전혀 없어.

🖉 ....

⑥ 설명할 시간이 없어.

🖉 ....

⑦ 지금은 교통 체증이 그리 심하지 않아.

🖉 ....

정답 **①** There isn't any sugar. **②** There's no place like home. **③** There aren't any window seats left.
④ There aren't any scheduled flights. **⑤** There aren't any good examples. **⑥** There isn't any time to explain.
⑦ There isn't much traffic now.

179

상대방이 현재 뭐하고 있는지 궁금할 때: 현재진행형 의문문

Are you -ing?

Are you -ing?
너 ~하고 있니?

"너 내 생각하고 있니?", "너 일하고 있니?"처럼 상대방이 현재 뭐하고 있는지 물어볼 때가 있죠.
Are you 뒤에 동사의 ing형을 붙이면 "너 ~하고 있는 중이니?"라는 뜻이 됩니다. 앞에서 많이 연
습했듯이, 긍정문에서 주어와 be동사의 위치만 바꾸면 의문문이 됩니다.

Are you feeling **okay?**	기분 괜찮니?
Are you waiting **for her?**	그녀를 기다리는 중이니?
Are you taking **vitamins?**	넌 비타민을 먹고 있니?
Are you thinking **about working abroad?**	너 해외 근무에 대해 생각 중이니?
Are you coming **now?**	지금 오고 있니?
Are you making **fun of me?**	너 나를 놀리고 있는 거야?
Are you talking **to me?**	너 나에게 얘기하고 있는 거야?
Are you listening **to me?**	내 말 듣고 있니?
Are you having **fun?**	재미있는 시간 보내고 있니?
Are you leaving **now?**	지금 가는 거니?

Is he -ing?

그는 ~하고 있니?

다양한 주어에 따라 달라지는 be동사를 순발력 있게 잘 말할 수 있도록 현재진행형 의문문을 큰 소리로 반복해서 연습해 보세요.

Is he looking for **a job?**	그는 일자리를 구하고 있어?
Is he having **a hard time?**	그는 힘든 시간을 보내고 있어?
Is she staying **in Paris?**	그녀는 파리에 머물고 있어?
Is she running **her own business?**	그녀는 자기 사업을 운영하고 있어?
Are they majoring **in Engineering?**	그들은 공학을 전공하고 있어?
Are we doing **enough?**	우리 충분히 잘하고 있나?
Am I bothering **you?**	내가 널 귀찮게 하고 있니?
Am I speaking **too loud?**	내가 너무 크게 말하고 있어?
Is everything going **well?**	모든 것이 잘 되어 가니?
Is it raining **outside?**	밖에 비가 오고 있니?

---

 make fun of someone이라고 하면 '~를 놀리다'라는 표현이에요. **run**은 '(사업체를) 운영하다'라는 동사로 쓰였습니다.

현재 하고 있는 일이나 상황에 대해 물어볼 때 현재진행형 의문문을 씁니다. 의문문에 익숙해져야 회화 실력이 상승합니다. 다음의 예문을 소리 내어 말하며 익혀 보세요.

❶ Am I making myself clear? 내 말 이해하고 있니?

make oneself clear는 '(상대방에게) ~의 말을 이해시키다'라는 뜻입니다. "Am I making myself clear?"는 뭔가 열심히 말하다가 "내 말 알아듣겠니?"라는 뜻으로 대화 중간에 상대방에게 하는 말이에요.

❷ Is it coming soon? 그거 곧 나오나요?

현재진행형이 '곧 일어날 가까운 미래'를 뜻할 때도 있어요. "Is it coming soon?"을 "그건 곧 나오고 있나요?"라고 해석하면 어색하죠. "그건 곧 나올 건가요?"라고 해석해야 합니다.

    Are you going out tonight? 오늘 밤에 외출할 거니?
    When are you coming back? 언제 돌아올 거니?

❸ Are you telling me (that) you don't know? 너 모른다고 말하는 거야?

대화 중에 상대방의 말에 반문하는 경우가 있죠. 그 때 'Are you telling me' 뒤에 '주어+동사'로 이루어진 문장을 붙여 주면 됩니다. 이때 that은 말할 때 자주 생략합니다.

    Are you telling me that's not real? 그게 진짜가 아니라고 말하는 거야?

❹ Are you saving for a rainy day? 어려울 때를 대비해서 저축하고 있니?

save for a rainy day는 '어려울 때를 위해 돈을 아끼다, 모으다'라는 뜻이에요. rainy day는 '비 오는 날'인데, '궁할 때', '만일의 경우'라는 뜻도 있어요.

❺ Are you keeping a close eye on the situation?
당신은 상황을 주의 깊게 보고 있나요?

'keep a close eye on ~'은 '~을 감시하다', '~을 주의 깊게 보다'라는 뜻입니다. 뭔가 눈을 가까이 대고 있는 것이므로 '예의 주시하다'라는 뜻이 됩니다.

STEP 1 회화 공식 연습하기

다음 힌트를 참고하여 문장을 영어로 말해 보세요.

☺ 힌트

❶ 너 학교에서 재미있는 시간 보내고 있니? — have fun

❷ 넌 나를 기다리고 있는 거야? — wait for me

❸ 넌 요즘 운동하고 있니? — work out

❹ 너 유학 가는 것에 대해 생각 중이니? — studying abroad

❺ 넌 비타민을 먹고 있니? — take vitamins

❻ 너 나 놀리고 있는 거야? — make fun of

❼ 너 누구 사귀는 사람 있니? — see anyone

❽ 그는 힘든 시간을 보내고 있니? — have a hard time

❾ 그녀는 파리에서 일하고 있나요? — work in Paris

❿ 우리 충분히 잘하고 있니? — do enough

⓫ 내가 너무 크게 말하고 있니? — speak too loud

⓬ 그가 나를 보고 있니? — look at

⓭ 너 모른다고 나에게 말하는 거야? — tell me

⓮ 넌 오늘 밤에 외출할 거니? — go out

⓯ 그거 곧 나오나요? — come soon

정답은 다음 페이지에서 확인하세요. ➡

실생활 표현을 확인하며 크게 소리 내어 연습해 보세요.

1 Are you having fun at school?

2 Are you waiting for me?

3 Are you working out these days?

4 Are you thinking about studying abroad?

5 Are you taking vitamins?

6 Are you making fun of me?

7 Are you seeing anyone?

8 Is he having a hard time?

9 Is she working in Paris?

10 Are we doing enough?

11 Am I speaking too loud?

12 Is he looking at me?

13 Are you telling me you don't know?

14 Are you going out tonight?

15 Is it coming soon?

다음 문장을 영어로 써 보고 다시 한 번 복습해 보세요.

① 넌 어려울 때를 대비해서 저축하고 있니?

✎ ....

② 모든 것이 잘 되어 가니?

✎ ....

③ 내가 널 귀찮게 하고 있니?

✎ ....

④ 너 내 말 듣고 있니?

✎ ....

⑤ 너 지금 가는 거야?

✎ ....

⑥ 당신은 상황을 주의 깊게 보고 있나요?

✎ ....

⑦ 밖에 눈이 내리고 있나요?

✎ ....

정답 ① Are you saving for a rainy day? ② Is everything going well? ③ Am I bothering you? ④ Are you listening to me? ⑤ Are you leaving now? ⑥ Are you keeping a close eye on the situation? ⑦ Is it snowing outside?

현재 하고 있는 일을 말할 때: 현재진행형 긍정문

I'm -ing.

I'm -ing.
난 ~하는 중이야. / ~하고 있어.

"나 생각 중이야.", "난 일하고 있어.", "나 통화 중이야."처럼 지금 하고 있는 일, 즉 현재에 진행 중인 일을 설명할 때 I am 뒤에 '동사+ing'를 붙이면 됩니다. 동사원형에 ing를 붙이면 '~하고 있는', '~하는 중인'이라는 의미가 됩니다.

I'm learning English.	난 영어를 배우고 있어.
I'm drinking a cup of coffee.	나 커피 한 잔 마시고 있어.
I'm talking to you.	나 너에게 말하고 있잖아.
I'm thinking about you.	난 너에 대해 생각하고 있어.
I'm thinking of buying a new car.	나 새 차 한 대 살까 생각 중이야.
I'm trying to lose weight.	난 살 빼려고 노력 중이야.
I'm working on a project.	난 프로젝트 하나를 진행하고 있어.
I'm looking for a new job.	난 새로운 직장을 찾고 있어.
I'm saving for a down payment on a house.	나 집 살 계약금을 모으고 있어.
I'm getting better.	나 점점 더 나아지고 있어.

You're -ing.

넌 ~하는 중이야. / ~하고 있어.

현재진행형도 be동사가 들어 있기 때문에 주어에 따라 맞는 be동사를 골라서 써야 합니다. 앞의 be동사 문장에서 많이 연습한 만큼, 다양한 주어로 적절한 be동사를 바꿔 가며 현재진행형 문장을 익혀 보세요.

You're doing a good job.	넌 잘하고 있어.
You're doing much better than before.	넌 전보다 훨씬 더 잘하고 있어.
He's working out at the gym.	그는 헬스장에서 운동하고 있어.
He's taking a nap on the couch.	그는 소파에서 낮잠을 자고 있어.
She's walking her dog.	그녀는 개를 산책시키고 있어.
We're talking about the book.	우리는 그 책에 대해 이야기하고 있어.
It's raining non-stop.	비가 계속 내리고 있어.
It's snowing outside.	밖에 눈이 오고 있어.
It's getting cold.	날씨가 추워지고 있어.
It's getting late.	시간이 늦어지고 있어.

 동사 get 뒤에 형용사를 붙이면 '~해지다'라는 뜻이 됩니다. "I'm getting+형용사."라고 하면 "나 점점 ~해지고 있어."라는 말이 되는 거죠.

현재진행형은 말 그대로 지금 하고 있는 일을 말해 줍니다. 지금을 포함한 일주일, 한 달 동안 등 일정한 기간 동안 반복적으로 하고 있는 일도 현재진행형으로 말할 수 있어요. 다양한 현재진행형 회화 표현을 익혀 보세요.

❶ I'm walking to work this week. 나 이번 주에 걸어서 출근하고 있어.

지금 당장 하고 있지 않아도 현재진행형으로 말할 수 있어요. today, this week, this month 등의 표현과 함께 지금을 포함한 일정한 기간 동안 반복적으로 하고 있는 일도 현재진행형으로 말해요.

❷ I'm just looking around. 그냥 둘러보는 중이에요.

상점에 들어가서 구매하기 전에 둘러볼 때가 많죠? 직원이 와서 뭘 찾고 있는지 물어볼 때 자주 쓸 수 있는 표현이에요. look around는 '둘러보다', '구경하다', '(결정하기 전에) 고려하다'라는 뜻이에요.

❸ I'm wearing a coat. 난 외투를 입고 있어.

동사 wear은 '입고 있다'라는 뜻을 갖고 있어요. "I'm wearing ~."은 이미 착용하고 있는 상태를 말해요. '지금 입고 있는' 동작을 나타내려면 "I'm putting on a coat."라고 말하면 됩니다.

❹ She's always complaining. 그녀는 항상 불평만 해.

현재진행형을 always와 함께 쓰면 '~는 항상 그래'라는 뜻으로, 어떤 좋지 않은 습관에 대해 부정적인 견해를 나타내는 문장이 됩니다.

　　He's always losing something.
　　그는 항상 뭔가를 잃어버려.

❺ I'm having a hard time concentrating on the project.
난 그 프로젝트에 집중하느라 힘든 시간을 보내고 있어.

have a hard time은 '~하느라 힘든 시간 보내다', '~하느라 고생하다'라는 뜻이에요. "~하느라 고생하고 있어."라고 말할 때 'I'm having a hard time ~'을 쓰고 그 뒤에 뭘 하느라 힘든지 -ing 형태로 붙여 주면 됩니다.

회화 공식 연습하기

다음 힌트를 참고하여 문장을 영어로 말해 보세요.

☺ 힌트

1 난 영어 공부할까 생각 중이야.

think of

2 나 점점 졸려.

get sleepy

3 난 아직도 너를 기다리고 있어.

still wait for you

4 난 체중을 늘리려고 노력 중이야.

gain weight

5 난 아침 식사 중이야.

have breakfast

6 나 요즘 차를 마시고 있어.

these days

7 난 전화 통화 중이야.

talk on the phone

8 넌 너무 많이 불평하고 있어.

complain too much

9 넌 잘하고 있어.

a good job

10 그는 그의 개를 산책시키고 있어.

walk his dog

11 우리는 그 영화에 대해 이야기하고 있어.

talk about

12 그들은 TV를 보고 있어.

watch TV

13 날씨가 점점 더 추워지고 있어.

get colder and colder

14 날씨가 점점 더 따뜻해지고 있어.

get warmer and warmer

15 그는 항상 뭔가를 잃어버려.

lose something

정답은 다음 페이지에서 확인하세요. ➡

189

실생활 표현을 확인하며 크게 소리 내어 연습해 보세요.

1 I'm thinking of studying English.

2 I'm getting sleepy.

3 I'm still waiting for you.

4 I'm trying to gain weight.

5 I'm having breakfast.

6 I'm drinking tea these days.

7 I'm talking on the phone.

8 You're complaining too much.

9 You're doing a good job.

10 He's walking his dog.

11 We're talking about the movie.

12 They're watching TV.

13 It's getting colder and colder.

14 It's getting warmer and warmer.

15 He's always losing something.

 STEP **3** 회화 공식으로 영작하기

다음 문장을 영어로 써 보고 다시 한 번 복습해 보세요.

1 난 프로젝트 하나를 진행하고 있어.

✏️
....

2 난 그냥 둘러보는 중이에요.

✏️
....

3 넌 전보다 훨씬 더 잘하고 있어.

✏️
....

4 난 집 살 계약금을 모으고 있어.

✏️
....

5 난 점점 더 나아지고 있어.

✏️
....

6 그녀는 이번 주에 운전해서 출근하고 있어.

✏️
....

7 그는 소파에서 낮잠을 자고 있어.

✏️
....

정답 **1** I'm working on a project. **2** I'm just looking around. **3** You're doing much better than before.
4 I'm saving for a down payment on a house. **5** I'm getting better. **6** She's driving to work this week.
7 He's taking a nap on the couch.

UNIT
31

현재 하고 있지 않다고 말할 때: 현재진행형 부정문

I'm not -ing.

I'm not -ing.

난 ~하고 있지 않아.

"I'm studying." 하면 "나 공부하는 중이야."라는 뜻이죠. 현재진행형의 부정문은 be동사 뒤에 not만 붙이면 됩니다. "I'm not studying.(나 공부하고 있지 않아.)" 이렇게요. be동사 뒤에 not 을 붙여 "난 ~하고 있지 않아.", "난 ~하는 중이 아니야."라고 말하는 표현을 익혀 보세요.

I'm not going **home.**	나 집에 가고 있지 않아.
I'm not watching **TV.**	나 TV 보고 있지 않아.
I'm not wearing **a tie.**	난 넥타이를 안 매고 있어.
I'm not having **dinner.**	나 저녁 식사하고 있지 않아.
I'm not laughing at **you.**	난 너를 비웃는 게 아냐.
I'm not looking for **a job now.**	나 지금 직장을 구하고 있지 않아.
I'm not thinking **of him.**	난 그를 생각하고 있지 않아.
I'm not feeling **well.**	나 몸이 안 좋아.
I'm not judging **you.**	난 널 판단하는 게 아니야.
I'm not lying**.**	나 거짓말하고 있지 않아.

You're not -ing.
넌 ~하고 있지 않아.

현재진행형은 'be동사 -ing'로 이루어져 있기 때문에 주어에 따라 달라지는 be동사의 형태에 주의해야 해요. 말할 때는 주로 축약해서 발음하므로 축약형도 함께 알아 두세요. You're not = You aren't, She's not = She isn't, They're not = They aren't, It's not = It isn't 이렇게 두 가지 방법으로 축약할 수 있어요.

You're not working hard.	넌 열심히 일하고 있지 않아.
You're not talking to me.	너 나에게 말하고 있는 거 아니잖아.
You're not listening to me.	너 내 말 듣고 있지 있잖아.
She's not looking at me.	그녀는 나를 보고 있지 않아.
She's not telling the truth.	그녀는 진실을 말하고 있지 않아.
He's not doing anything.	그는 아무것도 안 하고 있어.
He's not smiling at me.	그는 나에게 미소 짓고 있지 않아.
We aren't hanging out.	우리는 같이 놀고 있지 않아.
They aren't eating pizza.	그들은 피자를 먹고 있지 않아.
They aren't helping me at all.	그들은 나를 전혀 도와주고 있지 않아.

 다른 주어는 모두 두 가지의 축약형이 있지만, I am not은 I'm not 이 한 가지로만 축약할 수 있습니다.

플러스 표현으로 실력 향상!

의문문과 긍정문에 익숙해졌다면 부정문 만들기도 척척 할 수 있어야죠? 'be+-ing'의 기본
공식에서 be동사 뒤에 not만 붙이면 '~ 안 하고 있어'가 됩니다. 회화에서 자주 쓰는 현재진
행형 부정문 예문들을 소리 내어 말하면서 익혀 보세요.

1 I'm not yelling at you. 나 너에게 소리 지르는 거 아니야.

> 대화 중에 흥분해서 목소리가 커질 때가 있죠? 그러면 상대방이 "Are you yelling at me?(너 나한테 소리
> 지르는 거야?)"라고 말할 수 있어요. yell은 화내면서 신경질적으로 큰소리치는 것을 의미하거든요. 만약 오해
> 였다면 "I'm not yelling at you."라고 말할 수 있어요.

2 She's not coming to my party tonight. 그녀는 오늘 밤 내 파티에 오지 않을 거야.

> 현재진행형은 가까운 미래를 나타낼 수 있어요. tonight을 붙이면 이 문장은 현재진행이 아닌 미래로 이해해
> 야 자연스러워요.

3 I'm not taking it for granted. 난 그것을 당연하게 여기고 있지 않아.

> 'take ~ for granted'는 '~을 당연한 일로 여기다'라는 뜻이에요. 당연한 일로 생각하고 '경시하다'라는
> 의미도 됩니다. "그 어느 것도 당연하게 여기고 있지 않아."라고 말하려면 "I'm not taking anything for
> granted."라고 하면 됩니다.

4 She's not doing it on purpose now. 그녀는 지금 고의로 그러는 게 아니야.

> 다른 사람에 대해 대신 말해 줄 때, "걔가 일부러 그러는 거 아니야."라고 말할 때 있죠? 그런 경우에 쓸 수 있는
> 문장이에요. on purpose는 '고의로', '일부러'라는 뜻이에요.

5 The company isn't doing so well this year.
그 회사 올해에는 실적이 잘 나오지 않고 있어.

> 직역하면 "그 회사가 올해에는 일을 그렇게 잘하고 있지 않다."라는 뜻이죠. 지금(now)을 포함한 일정한 기간
> 을 나타내는 단어들, 즉 this year(올해), this week(이번 주), today(오늘) 등은 현재진행형과 같이 쓰일 수
> 있어요.

STEP 1 회화 공식 연습하기

다음 힌트를 참고하여 문장을 영어로 말해 보세요.

☺ 힌트

❶ 나 그곳에서 일하고 있지 않아. | work there

❷ 나 농담 아니야. | kid

❸ 나 넥타이 안 매고 있어. | wear a tie

❹ 나 몸이 좀 안 좋아. | feel well

❺ 난 공부를 열심히 하고 있지 않아. | study hard

❻ 나 거짓말하고 있지 않아. | lie

❼ 나 전화 통화 중이 아니야. | talk on the phone

❽ 너 나에게 말 안 하고 있잖아. | talk to me

❾ 너 요즘에 일 열심히 안 하고 있잖아. | these days

❿ 그녀는 진실을 말하고 있지 않아. | tell the truth

⓫ 그는 나를 보고 있지 않아. | look at me

⓬ 그들은 싸우고 있는 게 아니야. | fight

⓭ 우리는 같이 어울려 놀고 있지 않아. | hang out

⓮ 나 너에게 소리 지르는 거 아니야. | yell at me

⓯ 그녀는 지금 고의로 그러는 거 아니야. | on purpose

정답은 다음 페이지에서 확인하세요. ➔

실생활 표현을 확인하며 크게 소리 내어 연습해 보세요.

1 I'm not working there.

2 I'm not kidding.

3 I'm not wearing a tie.

4 I'm not feeling well.

5 I'm not studying hard.

6 I'm not lying.

7 I'm not talking on the phone.

8 You're not talking to me.

9 You're not working hard these days.

10 She's not telling the truth.

11 He's not looking at me.

12 They're not fighting.

13 We're not hanging out.

14 I'm not yelling at you.

15 She's not doing it on purpose now.

 회화 공식으로 영작하기

다음 문장을 영어로 써 보고 다시 한 번 복습해 보세요.

1 난 널 판단하는 게 아니야.

✎

....

2 넌 내 말 안 듣고 있잖아.

✎

....

3 그들은 나를 전혀 도와주고 있지 않아.

✎

....

4 그는 나를 귀찮게 하고 있지 않아.

✎

....

5 난 그것을 당연하게 여기고 있지 않아.

✎

....

6 난 널 비웃는 게 아니야.

✎

....

7 그녀는 오늘 밤 내 파티에 오지 않을 거야.

✎

....

정답 **1** I'm not judging you. **2** You're not listening to me. **3** They aren't helping me at all. **4** He's not bothering me. **5** I'm not taking it for granted. **6** I'm not laughing at you. **7** She's not coming to my party tonight.

앞으로의 결심, 계획을 물어볼 때: be going to 의문문

Are you going to ~?

Are you going to + 동사원형?

너 ~할 거야?

"너 이사 갈 거야?", "너 거기 갈 거야?"처럼 상대방이 앞으로 할 일을 물어 볼 때 be going to를 씁니다. 'be going to ~'는 계획한 일, 앞으로 하기로 결정한 일을 말할 때 씁니다. "너 ~할 예정이니?", "너 ~할 거야?"라고 물어보고 싶을 때 "Are you going to+동사원형?"으로 말하면 됩니다.

Are you going to **come with me?**	너 나랑 같이 갈 거야?
Are you going to **tell him the truth?**	너 그에게 사실을 말할 거야?
Are you going to **tell me or not?**	너 나에게 말할 거야, 말 거야?
Are you going to **buy that?**	너 그거 살 거야?
Are you going to **pick me up after work?**	너 퇴근 후에 차로 나를 데리러 올 거야?
Are you going to **ask her out?**	너 그녀에게 데이트 신청할 거야?
Are you going to **apply for the job?**	너 그 직장에 지원할 거야?
Are you going to **look for another job?**	너 다른 직장 찾아볼 거야?
Are you going to **join us for dinner?**	저녁 먹으러 우리랑 같이 갈래?
Are you going to **break up with her?**	너 그녀와 헤어질 거야?

Aren't you going to + 동사원형?

너 ~하지 않을 거야? / ~ 안 할 거야?

"나 안 도와줄 거야?", "나랑 말도 안 할 거야?"처럼 "~하지 않을 거야?"라고 물어볼 때 "Aren't you going to+동사원형?"을 써요. Are 뒤에 not만 붙인 형태이고, Are not을 축약해서 Aren't 가 됩니다. 회화에서는 발음하기 편하기 위해 주로 축약해서 말합니다.

Aren't you going to meet him today?	너 오늘은 그를 안 만날 거야?
Aren't you going to eat any more?	너 더 안 먹을 거야?
Aren't you going to give me a hand?	너 나 안 도와줄 거야?
Aren't you going to give me a chance?	너 나에게 기회 안 줄 거야?
Aren't you going to introduce me?	너 날 소개 안 시켜 줄 거야?
Aren't you going to say sorry?	너 미안하다고 말 안 할 거야?
Aren't you going to say hello to me?	너 나에게 인사도 안 할 거야?
Aren't you going to talk to me?	너 나에게 말도 안 할 거야?
Aren't you going to be late for work?	너 회사에 지각하는 거 아니야?
Aren't you going to ask her out?	너 그녀에게 데이트 신청 안 할 거야?

 give someone a hand라고 하면 '~에게 손을 주다'가 아니라, '~를 도와주다'라는 의미입니다.

플러스 표현으로 실력 향상!

'be going to ~'는 '마음속에 이미 결심한 것', '계획한 앞으로의 일'을 말해 줍니다. 구체적으로 무엇을 할지는 to 뒤에 동사원형으로 연결하면 됩니다. be going to를 이용해서 미래 일을 물어보는 문장을 소리 내어 말해 보세요.

❶ Am I going to need a lawyer? 제가 변호사가 필요할까요?

주어에 따라 달라지는 be동사에 익숙해지세요. "Is he going to ~?", "Is she going to ~?", "Are we going to ~?" 등 be동사가 들어 있는 문장은 항상 주어 동사 일치를 기본으로 지켜야 합니다.

Are Tom and Jane going to have a housewarming party?
톰과 제인은 집들이를 할 예정이니?

❷ What are you going to do? 넌 뭐 할 거니? / 뭐 할 예정이야?

상대방이 무엇을 할지 궁금할 때는 의문사 What을 문장 맨 앞에 붙여 구체적으로 물어볼 수 있어요.

What are you going to say? 너 무슨 말 할 거야?

❸ Who are you going to meet tomorrow? 너 내일 누구 만날 거야?

문장 맨 앞에 Who를 넣어서 상대방이 '누구'를 만날지 물어볼 수 있습니다. 목적어를 물어보는 것이라고 해도 의문사는 항상 문장 맨 앞에 와요.

❹ Where are you going to stay in Paris? 너 파리 어디에서 머물 예정이야?

'어디서'가 궁금하면 의문사 Where로 질문하세요. "Are you going to stay in Paris?(너 파리에 머물 예정이니?)"에서 문장 맨 앞에 Where만 붙이면 됩니다.

❺ Are you planning to take a trip to Sydney? 너 시드니로 여행 갈 계획이야?

plan은 '계획', '계획하다'라는 뜻이죠. 그래서 "Are you planning to ~?"는 "너 ~할 계획이니?"로, "Are you going to ~?"와 비슷한 의미를 갖게 됩니다.

STEP 1 회화 공식 연습하기

다음 힌트를 참고하여 문장을 영어로 말해 보세요.

😊 힌트

1 너 나에게 말할 거야, 말 거야?   tell me or not

2 너 나를 혼자 내버려 둘 작정이니?   leave me alone

3 너 그거 살 거야?   buy that

4 너 유학 갈 거야?   study abroad

5 너 다른 직장 찾아볼 거야?   look for another job

6 너 그 일자리 제안 수락할 거야?   accept the job offer

7 너 그녀와 헤어질 거야?   break up with

8 너 더 안 먹을 거야?   eat any more

9 너 내 소개 안 시켜 줄 거야?   introduce me

10 너 그 직장에 지원 안 할 거야?   apply for the job

11 너 나 안 도와줄 거야?   give me a hand

12 제가 그게 필요할까요?   need it

13 너 이번 주말에 뭐 할 거야?   What

14 너 내일 누구랑 공부할 거야?   Who

15 너 그거 어떻게 할 거야?   How

정답은 다음 페이지에서 확인하세요. ➡

실생활 표현을 확인하며 크게 소리 내어 연습해 보세요.

1 Are you going to tell me or not? ◀))

2 Are you going to leave me alone? ◀))

3 Are you going to buy that? ◀))

4 Are you going to study abroad? ◀))

5 Are you going to look for another job? ◀))

6 Are you going to accept the job offer? ◀))

7 Are you going to break up with her? ◀))

8 Aren't you going to eat any more? ◀))

9 Aren't you going to introduce me? ◀))

10 Aren't you going to apply for the job? ◀))

11 Aren't you going to give me a hand? ◀))

12 Am I going to need it? ◀))

13 What are you going to do this weekend? ◀))

14 Who are you going to study with tomorrow? ◀))

15 How are you going to do that? ◀))

STEP 3 회화 공식으로 영작하기

다음 문장을 영어로 써 보고 다시 한 번 복습해 보세요.

1 너 퇴근 후에 차로 나를 데리러 올 거야?

🖊 ....

2 너 저녁 먹으러 우리랑 같이 갈래?

🖊 ....

3 너 그녀에게 데이트 신청할 거야?

🖊 ....

4 너 나에게 인사도 안 할 거야?

🖊 ....

5 너 회사에 지각하는 거 아니야?

🖊 ....

6 이번 겨울에 스키 타러 갈 계획이야?

🖊 ....

7 너 어디로 갈 거니?

🖊 ....

정답 **1** Are you going to pick me up after work? **2** Are you going to join us for dinner? **3** Are you going to ask her out? **4** Aren't you going to say hello to me? **5** Aren't you going to be late for work? **6** Are you planning to go skiing this winter? **7** Where are you going to go?

계획을 세워 놓은 미래를 말할 때: be going to 긍정문

I'm going to ~.

공식 1

I'm going to + 동사원형.

난 ~할 거야.

우리가 마음에 이미 결정한 일, 계획을 세워 놓은 일들이 많죠? 이미 하기로 결정했기 때문에 시간이 흐를수록 그 일을 하는 쪽으로 가고 있는 거예요. 그래서 "I'm going to ~."가 "난 ~할 거야."라는 뜻이 된 거랍니다. 이때 I'm going to 뒤에 꼭 동사원형을 넣어야 한다는 것을 기억하세요.

I'm going to **follow my heart.**	난 내 마음 가는 대로 할 거야.
I'm going to **get a new one.**	난 새것으로 하나 살 거야.
I'm going to **give you a ride home.**	난 너를 집까지 태워다 줄 거야.
I'm going to **call you back.**	내가 다시 전화해 줄게.
I'm going to **stay up all night.**	나 밤새울 거야.
I'm going to **throw a party.**	난 파티를 열 거야.
I'm going to **ask him something.**	난 그에게 뭐 물어볼 거야.
I'm going to **get married next month.**	난 다음 달에 결혼할 거야.
I'm going to **try something new.**	난 뭔가 새로운 걸 시도할 거야.
I'm going to **go camping this weekend.**	난 이번 주말에 캠핑하러 갈 거야.

You're going to + 동사원형.

넌 ~할 거야.

우리가 현재의 상황을 보면 앞으로 어떤 일이 일어날지 짐작하거나 확신하게 되는 경우가 있죠. "너 이번에 승진할 거야.", "곧 비가 내릴 거야." 등 지금의 상황 또는 근거를 통하여 미래에 그런 일이 일어날 거라고 말할 수 있어요. 이때 "You're going to ~.", "We're going to ~.", "It's going to ~." 등 상황에 맞는 주어로 말하면 됩니다.

You're going to **love this.**	너 이거 아주 마음에 들어 할 거야.
You're going to **be a mother.**	넌 엄마가 될 거야.
You're going to **pass the exam.**	넌 그 시험에 합격할 거야.
You're going to **win her over.**	넌 그녀를 네 편으로 만들 거야.
You're going to **kill yourself at this rate.**	너 이런 식으로 하다가 죽겠어.
He's going to **get promoted this time.**	그는 이번에 승진할 거야.
She's going to **recognize my handwriting.**	그녀는 내 글씨를 알아볼 거야.
We're going to **eat out tonight.**	우리 오늘 저녁 외식할 거야.
It's going to **rain soon.**	곧 비가 내릴 거야.
It's going to **be sunny this afternoon.**	오늘 오후에 날씨가 화창할 거야.

---

 win someone over 하면 '~를 설득하다', '~를 편으로 만들다'라는 의미입니다. **at this rate**는 '이러다가는', '이런 식으로 하다가는'이라는 구어체 표현이에요.

플러스 표현으로 실력 향상!

영어회화에서 가장 많이 쓰는 표현 중 하나가 바로 "I'm going to ~."입니다. 우리말에서도 "~할 거야."라는 말을 많이 쓰죠? I'm going to 뒤에 꼭 동사원형을 붙여서 다양하게 말해 보세요.

❶ I'm going to go on a diet. 나 다이어트 할 거야.

> 체중 조절을 위해 적게 먹고, 살이 잘 안 찌는 음식을 먹는 등 식이요법하는 것을 diet라고 하죠? "나 다이어트 중이야."라고 말하려면 "I'm on a diet."라고 하고, "나 다이어트 시작할 거야."라고 하려면 "I'm going to go on a diet."라고 하면 됩니다.

❷ You're going to run out of time. 너 시간이 모자랄 거야.

> 'run out of ~'라고 하면 '~이 다 떨어지다'라는 표현이에요. run out of time은 '시간이 다 떨어지다', 즉 '시간이 모자라다'라는 뜻이죠.

❸ You're going to be okay. 너 괜찮을 거야.

> 상대방을 위로하며 격려할 때 자주 쓰는 표현이에요.
>
> **Everything is going to be alright.** 모든 것이 다 잘 될 거야.

❹ I think I'm going to be a little late. 나 조금 늦을 것 같아.

> 어떤 문장 앞에 I think를 붙여 말하는 경우가 많습니다. "I think ~."는 "난 ~라고 생각해."라고 딱딱하게 해석하기보다, "~인 것 같아."의 뉘앙스로 생각하는 것이 더 자연스러워요. 그래서 "I think I'm going to ~."는 "나 ~할 것 같아."라는 뜻이 됩니다.
>
> **I think I'm going to fall in love with him.** 난 그와 사랑에 빠질 것만 같아.

❺ I don't think I'm going to get this done by tomorrow.
이거 내일까지 못 끝낼 것 같아.

> "~못할 것 같아.", "~안 할 것 같아."라고 부정의 의미를 말할 때 "I think I'm not going to ~."를 쓰는 것이 아니라, "I don't think I'm going to ~."라고 한다는 것에 주의하세요.
>
> **I don't think I'm going to make it.** 나 그거 성공 못할 것 같아.

 회화 공식 연습하기

다음 힌트를 참고하여 문장을 영어로 말해 보세요.

😊 힌트

1 나 가서 커피 좀 사올게.　　　go get some coffee

2 난 부자가 될 거야.　　　be rich

3 난 밤새울 거야.　　　stay up all night

4 난 점심을 거를 거야.　　　skip lunch

5 난 파티를 열 거야.　　　throw a party

6 나 이번 주 토요일에 골프 칠 거야.　　　play golf

7 내가 너를 집까지 태워다 줄 거야.　　　give you a ride home

8 넌 좋은 엄마가 될 거야.　　　be a good mother

9 넌 그걸 실현시킬 거야.　　　make it happen

10 너 이런 식으로 하다가 죽겠어.　　　at this rate

11 그는 이번에 승진할 거야.　　　get promoted

12 그녀는 다음 주에 결혼할 거야.　　　get married

13 내일 아침에 비가 올 거야.　　　tomorrow morning

14 우리 다이어트 할 거야.　　　go on a diet

15 난 이거 7시까지 못 끝낼 것 같아.　　　get this done

정답은 다음 페이지에서 확인하세요. ➡

실생활 표현을 확인하며 크게 소리 내어 연습해 보세요.

1 I'm going to go get some coffee.

2 I'm going to be rich.

3 I'm going to stay up all night.

4 I'm going to skip lunch.

5 I'm going to throw a party.

6 I'm going to play golf this Saturday.

7 I'm going to give you a ride home.

8 You're going to be a good mother.

9 You're going to make it happen.

10 You're going to kill yourself at this rate.

11 He's going to get promoted.

12 She's going to get married next week.

13 It's going to rain tomorrow morning.

14 We're going to go on a diet.

15 I don't think I'm going to get this done by 7.

STEP 3 회화 공식으로 영작하기

다음 문장을 영어로 써 보고 다시 한 번 복습해 보세요.

① 난 그와 사랑에 빠질 것만 같아.

🖊

② 난 내 마음 가는 대로 할 거야.

🖊

③ 난 뭔가 새로운 거 시도할 거야.

🖊

④ 난 이거 7시까지 끝낼 거야.

🖊

⑤ 너 이거 아주 마음에 들어 할 거야.

🖊

⑥ 그녀는 내 글씨를 알아볼 거야.

🖊

⑦ 모든 것이 다 잘 될 거야.

🖊

정답 **①** I think I'm going to fall in love with him. **②** I'm going to follow my heart. **③** I'm going to try something new. **④** I'm going to get this done by 7. **⑤** You're going to love this. **⑥** She's going to recognize my handwriting. **⑦** Everything is going to be alright.

뭔가를 할 계획이 없다고 말할 때: be going to 부정문

I'm not going to ~.

I'm not going to + 동사원형.
난 ~하지 않을 거야. / ~ 안 할 거야.

I'm going to에서 be동사 뒤에 not만 넣어 주면 "I'm not going to ~."가 되고, "난 ~하지 않을 거야."라는 다짐의 의미를 나타냅니다. '~할 생각/계획이 없다'라는 뜻이죠.

I'm not going to **leave you.**	난 너를 떠나지 않을 거야.
I'm not going to **let you go.**	난 너를 보내지 않을 거야.
I'm not going to **do anything tomorrow.**	나 내일 아무것도 안 할 거야.
I'm not going to **worry about you.**	나 네 걱정은 하지 않을 거야.
I'm not going to **see him again.**	난 다시는 그를 보지 않을 거야.
I'm not going to **call her back.**	난 그녀에게 다시 전화하지 않을 거야.
I'm not going to **hire him.**	난 그를 고용하지 않을 거야.
I'm not going to **tell anyone.**	난 아무에게도 말하지 않을 거야.
I'm not going to **wait for you.**	난 너를 기다리지 않을 거야.
I'm not going to **cry.**	난 울지 않을 거야.

You're not going to + 동사원형.
넌 ~하지 않을 거야. / ~할 리가 없어.

상대방, 다른 사람 또는 어떤 일에 대해 "~하지 않을 거야.", "~할 리가 없어."라고 말할 때, be going to의 부정문을 사용합니다. "You're not going to ~.", "He's not going to ~.", "They're not going to ~." 등 주어에 맞는 be동사를 써 주세요. 다른 사람의 행동이나 어떤 일에 대해 자신 있게 예측하며 말할 때 씁니다.

You're not going to **regret this.**	너 이거 후회하지 않을 거야.
You're not going to **forget this.**	너 이거 잊지 못 할 거야.
You're not going to **believe this.**	너 이거 믿지 않을 거야.
He's not going to **pay for dinner.**	그는 저녁 식사비를 내지 않을 거야.
He's not going to **go quietly.**	그가 조용히 넘어갈 리가 없어.
She's not going to **show up.**	그녀는 나타나지 않을 거야.
We're not going to **forgive you.**	우리는 너를 용서하지 않을 거야.
They're not going to **support the policy.**	그들은 그 정책을 지지하지 않을 거야.
It's not going to **work.**	그거 소용없을 거야.
It's not going to **happen.**	그런 일은 일어나지 않을 거야.

 They는 주로 '그들'이라고 알고 있지만 일반적인 '사람들'을 지칭하기도 합니다.

플러스 표현으로 실력 향상!

회화 단골 표현인 'be going to ~'. 의문문, 긍정문뿐 아니라 부정문도 자유자재로 말할 수 있도록 소리 내어 익혀 보세요.

❶ I'm not going to think about it anymore. 난 그것에 대해 더 이상 생각하지 않을 거야.

어떤 고민이 되는 생각 때문에 스트레스 받거나 할 때 우리말로도 다짐하듯이 이런 말을 할 때가 있을 거예요. anymore은 '더 이상'이라는 의미입니다.

❷ You're not going to please everyone all the time.
네가 항상 모든 사람을 만족시킬 수는 없을 거야.

다른 사람의 눈치를 보느라 할 말도 제대로 못하고 지나치게 걱정하는 사람에게 해 줄 수 있는 말이에요. please는 동사로 '남을 기쁘게 하다', '다른 사람의 기분을 맞추다'라는 뜻이에요.

❸ I'm never going to leave you. 난 절대 너를 떠나지 않을 거야.

"I'm not going to ~."에서 not 대신 never를 쓸 때가 많아요. '절대/결코 ~하지 않을 거야'라고 강하게 말하고 싶을 때 never를 넣어 말하세요.

    I'm never going to smoke again.
    절대 다시는 담배 피우지 않을 거야.

❹ You're never going to believe what happened to me.
내게 무슨 일이 일어났는지 넌 절대 믿지 않을 거야.

상대방에게 놀라운 소식을 전할 때 잘 쓰는 표현이에요. 아래처럼 간단히 말하기도 해요.

    You're never going to believe this. 너 결코 이거 믿지 않을 거야.

❺ It's not going to be easy, but it's going to be worth it.
그게 쉽지는 않겠지만, 그럴 가치가 있을 거야.

어떤 어려운 일, 도전이 되는 일을 앞두고 할 수 있는 말이에요. be going to 하나만 제대로 익혀 두면 멋진 문장들을 많이 말할 수 있어요.

212

다음 힌트를 참고하여 문장을 영어로 말해 보세요.

😊 **힌트**

1 난 '아니오'라고 말하지 않을 거야.　　say no

2 난 아무것도 하지 않을 거야.　　do anything

3 난 아무에게도 말하지 않을 거야.　　tell anyone

4 난 집에 안 갈 거야.　　go home

5 나 그 커피 안 마실 거야.　　drink that coffee

6 난 절대 울지 않을 거야.　　never

7 난 절대 너를 울리지 않을 거야.　　never, make you cry

8 난 그들과 어울려 놀지 않을 거야.　　hang out

9 넌 이거 믿지 않을 거야.　　believe this

10 넌 항상 모두를 만족시킬 수는 없을 거야.　　please everyone

11 그녀는 그와 헤어지지 않을 거야.　　break up

12 그는 내일 소개팅하지 않을 거야.　　have a blind date

13 그들은 나에게 사과하지 않을 거야.　　apologize to me

14 사람들이 그 정책을 지지하지 않을 거야.　　support the policy

15 그거 소용없을 거야.　　work

정답은 다음 페이지에서 확인하세요. ➜

STEP 2 회화 공식 확인하기

실생활 표현을 확인하며 크게 소리 내어 연습해 보세요.

1. I'm not going to say no. 🔊

2. I'm not going to do anything. 🔊

3. I'm not going to tell anyone. 🔊

4. I'm not going to go home. 🔊

5. I'm not going to drink that coffee. 🔊

6. I'm never going to cry. 🔊

7. I'm never going to make you cry. 🔊

8. I'm not going to hang out with them. 🔊

9. You're not going to believe this. 🔊

10. You're not going to please everyone all the time. 🔊

11. She's not going to break up with him. 🔊

12. He's not going to have a blind date tomorrow. 🔊

13. They're not going to apologize to me. 🔊

14. They're not going to support the policy. 🔊

15. It's not going to work. 🔊

214

STEP 3 회화 공식으로 영작하기

다음 문장을 영어로 써 보고 다시 한 번 복습해 보세요.

① 나 네 걱정은 하지 않을 거야.

✎ ....

② 난 그것에 대해 더 이상 생각하지 않을 거야.

✎ ....

③ 그게 쉽지는 않겠지만, 그럴 가치가 있을 거야.

✎ ....

④ 그런 일은 일어나지 않을 거야.

✎ ....

⑤ 난 조용히 넘어가지 않을 거야.

✎ ....

⑥ 난 너를 잊지 않을 거야.

✎ ....

⑦ 넌 이거 후회하지 않을 거야.

✎ ....

정답 **①** I'm not going to worry about you. **②** I'm not going to think about it anymore. **③** It's not going to be easy, but it's going to be worth it. **④** It's not going to happen. **⑤** I'm not going to go quietly. **⑥** I'm not going to forget you. **⑦** You're not going to regret this.

상대방의 경험을 물어볼 때: 현재완료형 의문문

Have you ever p.p.?

공식 1

Have you ever p.p.?

너 ~해 본 적 있어?

경험은 과거부터 지금까지의 시간 안에 있었던 일이죠. 이렇게 과거부터 연결된 현재에 대해서 이야기할 때 영어로 'have+p.p.'를 씁니다. p.p.란, 동사의 '과거분사형'을 말해요. "너 ~해 본 적 있니?"라고 과거의 경험을 물어볼 때 "Have you ever p.p.?"로 말하면 됩니다. 이때 ever는 '언젠가', '지금까지'라는 뜻으로, 경험을 묻는 현재완료형 의문문에 자주 쓰입니다.

Have you ever been **there?**	너 거기에 가 본 적 있어?
Have you ever been **to Africa?**	너 아프리카에 가 본 적 있어?
Have you ever been **here before?**	너 전에 여기 와 본 적 있어?
Have you ever eaten **caviar?**	너 캐비아 먹어 본 적 있어?
Have you ever watched *Squid Game?*	너 '오징어 게임' 본 적 있어?
Have you ever lost **something valuable?**	너 귀중한 것을 잃어버린 적 있어?
Have you ever tried **bungee jumping?**	너 번지 점프 해 본 적 있어?
Have you ever tried **Thai food?**	너 태국 음식 먹어 본 적 있어?
Have you ever thought **about it?**	너 그것에 대해 생각해 본 적 있어?
Have you ever run **a marathon?**	너 마라톤 뛰어 본 적 있어?

Haven't you p.p.?

너 ~ 못 해 봤어? / ~ 못 했어?

"너 그거 아직 다 못 했니?", "그 소식에 대해 못 들었니?"라고 어떤 일을 지금까지 못 한 상태인 것을 물어볼 때, '과거로부터 연결된 지금'에 관해 말하는 것이므로 현재완료형이 필요해요. "Have you not+p.p.?"를 쓰면 됩니다. 발음의 편의를 위해 Have not을 Haven't로 축약해서 말합니다.

Haven't you heard the news?	너 그 소식에 대해 못 들었니?
Haven't you done it yet?	너 그거 아직 다 못 했니?
Haven't you finished the report yet?	너 보고서 아직 다 못 끝냈어?
Haven't you thought about your life?	너 네 인생에 대해 생각 안 해 봤어?
Haven't you thought about it yet?	너 아직도 그것에 대해 생각 안 해 봤니?
Haven't you seen the movie yet?	너 그 영화 아직 못 봤니?
Haven't you met him yet?	너 그를 아직 못 만나 봤니?
Haven't you figured it out?	너 그거 못 알아냈어?
Haven't you tried Mexican food?	너 멕시코 음식 안 먹어 봤어?
Haven't you noticed anything about it?	너 그것에 대해 아무것도 눈치 못 챘니?

질문 뒤에 **before**을 넣으면 '전에 ~해 본 적 있어?'라는 표현이 됩니다. **try**는 기본적으로 '시도하다'라는 의미가 있어서, 음식 앞에 쓰면 '먹어 보다', 옷 앞에 쓰면 '입어 보다' 등으로 표현할 수 있습니다. 부정문으로 질문할 때는 '아직'이라는 의미의 **yet**이 자주 함께 쓰인다는 것도 알아 두세요.

플러스 표현으로 실력 향상!

현재완료를 말할 수 있어야 진짜 영어 회화 실력을 키울 수 있어요. 과거부터 현재까지 걸쳐 있는 경험에 대한 이야기를 "Have you p.p.?" 의문문으로 소리 내어 말해 보세요.

❶ Have you ever been there? 너 거기에 가 본 적 있니?

상대방에게 어디에 가 본 경험이 있는지 물어볼 때, "Have you ever been (to) ~?"로 말합니다. 이때 '가다'는 go니까 gone을 써야 할 것 같지만, '가 봤다'라는 것은 그 장소에 있다가 다시 돌아온 것이므로 'been'을 써야 합니다. gone을 쓰면 '과거에 가 버려서 현재 여기 없다'라는 의미가 됩니다.

❷ Has she ever been to Sydney? 그녀는 시드니에 가 본 적이 있니?

주어가 3인칭 단수일 때 Have 대신 Has를 써야 합니다. "~에 가 본 적 있니?"라고 물어볼 때 been 뒤에 어떤 장소를 붙여 주죠. 이때 there(거기에), abroad(해외에) 등의 장소를 나타내는 부사가 오면 to가 필요 없어요. Sydney, Paris, New York 등 구체적인 장소에 가 본 적 있냐고 물어볼 때는 이 명사들 앞에 'to'를 붙여 말합니다.

❸ Have you done it? 너 그거 다 했니?

현재완료 의문문에서 'ever' 없이 그냥 "Have you p.p?"로 물어볼 수 있어요. 이때는 경험을 묻는다기보다 과거의 어떤 시점에 시작한 일을 현재까지 계속했는지, 또는 지금은 다 완료했는지 묻는 거예요.

> **Have you stayed here?** 여기에 머물렀나요?

❹ Have you heard from her recently? 너 최근에 그녀에게서 연락 받았니?

recently(최근에)라는 단어도 지금 이전의 어떤 시점부터 현재까지의 기간을 뜻하므로, 현재완료시제와 잘 어울립니다. 'hear from ~'은 '~에게서 연락을 받다', '~로부터 소식을 듣다'라는 뜻입니다.

❺ Have we met before? 우리 전에 만난 적 있나요?

"Have we met somewhere before?(우리 어디선가 만난 적 있나요?)" 이렇게도 말해요. 구면인 것 같은 상대방에게 쓸 수 있는 표현이에요.

STEP 1 회화 공식 연습하기

다음 힌트를 참고하여 문장을 영어로 말해 보세요.

😊 힌트

1. 너 뉴욕에 가 본 적 있니? — been to New York

2. 너 해외에 나가 본 적 있니? — been abroad

3. 너 전에 여기 와 본 적 있니? — been here

4. 너 번지 점프 해 본 적 있니? — tried bungee jumping

5. 너 말 타 본 적 있니? — ridden a horse

6. 너 낚시하러 가 본 적 있니? — gone fishing

7. 너 아주 귀중한 뭔가를 잃어버린 적 있니? — lost something so valuable

8. 너 그거 아직 다 못 했니? — done it yet

9. 너 아직 그에게 말 못 했니? — talked to him yet

10. 너 그 책 아직 다 안 읽었어? — read the book yet

11. 너 그거 못 알아냈어? — figured it out

12. 너 네 인생에 대해 생각 안 해 봤어? — thought about your life

13. 그는 마라톤을 뛰어 본 적 있니? — ever run a marathon

14. 너 그거 다 했니? — done it

15. 너 최근에 제니한테 연락 받았니? — heard from Jenny recently

정답은 다음 페이지에서 확인하세요. ➡

STEP 2 회화 공식 확인하기

실생활 표현을 확인하며 크게 소리 내어 연습해 보세요.

1 Have you ever been to New York? ◀))

2 Have you ever been abroad? ◀))

3 Have you ever been here before? ◀))

4 Have you ever tried bungee jumping? ◀))

5 Have you ever ridden a horse? ◀))

6 Have you ever gone fishing? ◀))

7 Have you ever lost something so valuable? ◀))

8 Haven't you done it yet? ◀))

9 Haven't you talked to him yet? ◀))

10 Haven't you read the book yet? ◀))

11 Haven't you figured it out? ◀))

12 Haven't you thought about your life? ◀))

13 Has he ever run a marathon? ◀))

14 Have you done it? ◀))

15 Have you heard from Jenny recently? ◀))

220

STEP 3 회화 공식으로 영작하기

다음 문장을 영어로 써 보고 다시 한 번 복습해 보세요.

① 너 캐비아 먹어 본 적 있니?

✎ ....

② 너 거기에 가 본 적 있니?

✎ ....

③ 너 그것에 대해 생각해 본 적 있니?

✎ ....

④ 우리 전에 만난 적 있나요?

✎ ....

⑤ 너 보고서 아직 다 못 끝냈어?

✎ ....

⑥ 너 그것에 대해 아무것도 눈치 못 챘니?

✎ ....

⑦ 넌 그녀에게서 아직 연락 못 받았니?

✎ ....

정답 ① Have you ever eaten caviar? ② Have you ever been there? ③ Have you ever thought about it?
④ Have we met before? ⑤ Haven't you finished the report yet? ⑥ Haven't you noticed anything about it?
⑦ Haven't you heard from her yet?

나의 경험에 대해 말할 때: 현재완료형 긍정문/부정문

I've p.p..

I've p.p..

난 ~해 봤어. / ~해 본 적 있어.

현재완료시제는 과거부터 현재까지 연결되어 있는 일을 말해 주는 시제예요. 우리가 살면서 지금까지 겪은 경험을 현재완료형으로 말할 수 있죠. 문장의 기본 형태는 'have+p.p.'입니다. "I have p.p..(난 ~해 본 적 있어.)"에서 I have를 I've로 축약해서 말할 수 있어요.

I've been there before.	난 전에 거기 가 본 적 있어.
I've been to New York.	난 뉴욕에 가 본 적 있어.
I've been here before.	난 전에 여기 와 본 적 있어.
I've thought about it.	난 그것에 대해 생각해 봤어.
I've met him once.	난 그를 한 번 만난 적 있어.
I've seen the movie three times.	난 그 영화를 세 번 봤어.
I've tried Thai food several times.	난 태국 음식을 여러 번 먹어 봤어.
I've heard a lot about you.	너에 대해 많이 들었어.
I've had many different jobs.	난 많은 다양한 직업을 가져 봤어.
I've read the book twice.	난 그 책을 두 번 읽어 봤어.

I've never p.p..

난 ~해 본 적이 한 번도 없어.

지금까지 어떤 일을 해 본 경험이 전혀 없을 때 "I have never p.p.."로 말하면 됩니다. 여기서 주의할 것은 부정문에 주로 쓰이는 not이 아니라 '전혀 ~않다'라는 의미의 never을 쓴다는 것입니다. 말할 때는 주로 I have를 I've로 축약합니다.

I've never been **abroad.**	난 해외에 나가 본 적이 한 번도 없어.
I've never been **to France.**	난 프랑스에 가 본 적이 없어.
I've never been **on a diet.**	난 다이어트를 해 본 적이 없어.
I've never been **that sick before.**	난 전에 그렇게 아파 본 적이 없어.
I've never seen **anything like this.**	난 이런 거 본 적이 한 번도 없어.
I've never seen **such a beautiful movie.**	난 그렇게 아름다운 영화는 본 적이 없어.
I've never heard **such nonsense.**	난 그런 터무니없는 말을 들어 본 적이 없어.
I've never heard **you sing.**	난 네가 노래하는 거 들어 본 적이 없어.
I've never studied **abroad.**	난 유학을 가 본 적이 없어.
I've never ridden **a motorcycle.**	난 오토바이 타 본 적이 한 번도 없어.

'~에 가 본 적이 있다'는 것은 그 장소에 방문했다가 다시 온 것이므로 'I've been to ~'를 씁니다. 'I've gone to ~'는 과거에 '~로 (완전히) 가 버렸다'라는 뜻이 됩니다.

'경험'은 우리가 살면서 지금까지 겪어 온 시간 안에 들어가므로 현재완료시제(have+p.p.)를 이용해서 말해야 합니다. 주어가 3인칭 단수일 때는 have 대신 has를 쓴다는 것을 기억하세요.

❶ I've been there once or twice. 난 거기 한두 번 가 본 적 있어.

현재완료로 경험을 말할 때 경험의 횟수를 같이 말해 줄 수도 있어요. once(한 번), twice(두 번), three times(세 번) 등의 횟수를 붙여 주면 됩니다. 3회 이상부터는 '수+times'로 말하면 '~번'이 됩니다.

❷ She has seen the film 7 times! 그녀는 그 영화를 7번이나 봤어!

3인칭 단수가 현재완료형 문장의 주어일 때 have 대신 has를 쓰고 그 뒤에 p.p.를 붙인다는 것을 기억하세요. She has는 She's로 줄여서 말할 수 있어요.

❸ It has never been a problem before. 이전에는 그게 문제가 된 적이 없어.

현재완료 문장이므로 과거부터 지금까지의 이야기를 해 주고 있죠. It도 3인칭 단수 주어이므로 have 대신 has를 써서 말해야 합니다.

❹ I've never been hospitalized. 난 한 번도 입원해 본 적이 없어.

I've never 뒤에 been hospitalized가 붙었죠? 동사 hospitalize는 '입원시키다'라는 뜻이므로 영어로 '입원하다'가 되려면 be hospitalized라고 해야 해요. 그래서 현재완료에서 동사의 p.p. 자리에 been hospitalized가 온 겁니다.

❺ I've never had such a great experience before.
그렇게 멋진 경험은 이전에 한 번도 해 본 적이 없어.

"그렇게 멋진 경험은 처음이야."라는 뜻이죠. 문장에 before를 넣으면 '살면서 지금까지'라는 의미를 더 강조할 수 있어요.

다음 힌트를 참고하여 문장을 영어로 말해 보세요.

😊 힌트

1. 난 거기에 2번 가 봤어.　　　　　　　　　been there

2. 난 로마에 가 본 적 있어.　　　　　　　　been to Rome

3. 난 그를 한 번 만난 적 있어.　　　　　　　met him

4. 난 흥미로운 사람들을 많이 만나 봤어.　　many interesting people

5. 난 전에 여기 와 본 적 있어.　　　　　　been here before

6. 난 미국에 몇 번 가 봤어.　　　　　　　　to the States

7. 난 저 소녀를 전에 본 적 있어.　　　　　seen that girl

8. 난 파리에 가 본 적이 없어.　　　　　　　never been to

9. 난 다이어트를 해 본 적이 없어.　　　　　been on a diet

10. 난 전에 그렇게 아픈 적이 한 번도 없어.　been that sick

11. 난 차가 있었던 적이 한 번도 없어.　　　had a car

12. 네가 그렇게 행복해하는 거 한 번도 본 적 없어.　so happy

13. 그런 터무니없는 말 한 번도 들어 본 적 없어.　such nonsense

14. 난 복권에 당첨된 적이 한 번도 없어.　　won the lottery

15. 난 한 번도 입원해 본 적이 없어.　　　　been hospitalized

정답은 다음 페이지에서 확인하세요. ➡

실생활 표현을 확인하며 크게 소리 내어 연습해 보세요.

1 I've been there twice. ◀))

2 I've been to Rome. ◀))

3 I've met him once. ◀))

4 I've met many interesting people. ◀))

5 I've been here before. ◀))

6 I've been to the States several times. ◀))

7 I've seen that girl before. ◀))

8 I've never been to Paris. ◀))

9 I've never been on a diet. ◀))

10 I've never been that sick before. ◀))

11 I've never had a car. ◀))

12 I've never seen you so happy. ◀))

13 I've never heard such nonsense. ◀))

14 I've never won the lottery. ◀))

15 I've never been hospitalized. ◀))

다음 문장을 영어로 써 보고 다시 한 번 복습해 보세요.

1 나 뉴욕에 가 본 적 있어.

✎
....

2 나 거기에 몇 번 가 봤어.

✎
....

3 난 많은 다양한 직업을 가져 봤어.

✎
....

4 난 그것에 대해 생각해 본 적이 없어.

✎
....

5 이전에는 그게 문제가 된 적이 없어.

✎
....

6 난 해외에 나가 본 적이 한 번도 없어.

✎
....

7 난 그렇게 아름다운 영화는 본 적이 없어.

✎
....

정답 **1** I've been to New York. **2** I've been there several times. **3** I've had many different jobs. **4** I've never thought about it. **5** It has never been a problem before. **6** I've never been abroad. **7** I've never seen such a beautiful movie.

UNIT 37

그때부터 지금까지 계속 해 온 일을 말할 때: 현재완료형+since / for

I've p.p. since/for ~.

공식 1

> # I've p.p. since/for ~.
> ### 난 그때부터 (계속) ~해 왔어.

과거의 어떤 시점에 시작한 일이 현재까지 계속될 때 'have+p.p.'로 말합니다. 특정 시점을 말해 주려고 하면 'since then(그때부터)', 'since last year(작년부터)'처럼 since 뒤에 과거 시점을 써 줍니다. '얼마 동안' 쭉 지속되었다고 말하려면 for와 함께 일정 기간을 나타내는 시간 표현을 써야 합니다. 'for 2 hours(2시간 동안)', 'for a year(1년 동안)'처럼요.

I've lived here since 2010.	난 2010년부터 여기서 살아 왔어.
I've met a lot of people since last week.	난 지난주부터 많은 사람들을 만나 왔어.
I've had a car since I was 20.	난 20살 때부터 계속 차가 있었어.
I've worked here since 2012.	난 2012년부터 여기서 일해 왔어.
I've had a headache since yesterday.	난 어제부터 두통이 있어.
I've worked here for three months.	난 3개월 동안 여기서 일해 왔어.
I've waited for her for nearly 2 hours.	난 거의 2시간 동안 그녀를 기다려 왔어.
I've dreamed of this moment for years.	난 수년 동안 이 순간을 꿈꿔 왔어.
I've known her for 10 years.	난 그녀를 10년 동안 알고 지냈어.
I've loved him for a long time.	난 그를 오랫동안 사랑해 왔어.

I've always p.p..

난 항상 ~해 왔어.

지금까지 살면서 항상 바라고, 생각해 온 일들이 있을 거예요. 그런 것은 과거부터 지금까지 해 온 일이므로 'have+p.p.'를 쓰고, 그 사이에 always를 추가해서 '예전부터 항상'이라는 의미를 강조해 줍니다. 3인칭 단수가 주어일 때는 have대신 has를 쓰세요.

I've always loved **you.**	난 항상 너를 사랑해 왔어.
I've always worked **in education.**	난 항상 교육 분야에서 일해 왔어.
I've always wanted **to go to Europe.**	난 항상 유럽에 가 보고 싶었어.
I've always wanted **to try it.**	난 항상 그거 시도해 보고 싶었어.
I've always trusted **you.**	난 항상 널 믿어 왔어.
She's always dreamed **of this moment.**	그녀는 항상 이 순간을 꿈꿔 왔어.
She's always excelled **in foreign languages.**	그녀는 항상 외국어에서 뛰어났어.
He's always been **a good student.**	그는 항상 모범생으로 지내 왔어.
He's always been **nice to me.**	그는 항상 나에게 잘해 줬어.
They've always fought **about the same thing.**	그들은 항상 똑같은 일로 싸워 왔어.

주어가 3인칭 단수일 때, **He/She is**의 줄임말도 **He's/She's**이고, 현재완료시제의 **He/She has**의 줄임말도 **He's/She's**입니다. 이런 경우는 뒤에 **p.p.** 형태가 있는지를 살펴보고 어떤 단어의 줄임말인지를 판단해야 해요.

플러스 표현으로 실력 향상!

과거에 시작된 일이 현재까지 계속 지속될 때, 현재완료시제(have/has+p.p.)를 이용해서 말해 주면 됩니다. 다양한 회화 문장을 소리 내어 말해 보세요.

❶ I've been sick all week. 나 일주일 내내 아팠어.

> '일주일 전에 아프기 시작해서 지금까지 계속 아프다'라는 뜻이죠. sick은 '아픈'이란 뜻의 형용사입니다. 영어 문장에서 형용사를 동사처럼 쓰는 방법은 be동사를 붙여 'be+형용사'의 형태로 사용하는 거예요. be sick(아프다)에서 be동사만 p.p. 형태인 been으로 바꾸면 됩니다.

❷ Tom and Jenny have been married for 15 years.
톰과 제니는 결혼한 지 15년이 되었어.

> be married는 '부부가 되다', '결혼한 상태가 되다'라는 뜻이에요. 부부로 15년 동안 지내 온 것이므로 우리말로 '결혼한 지 15년째다'라고 해석하면 됩니다.

❸ We haven't seen each other for a long time. 우리 오랫동안 서로 못 만났어.

> '지금까지 계속 ~하지 못했어'라고 과거의 어느 순간부터 지금까지 계속 지속하지 못한 일이 있을 때, 'haven't p.p.'를 써 주면 됩니다. haven't는 have not의 축약형입니다.

❹ He hasn't eaten anything since yesterday. 그는 어제부터 아무것도 안 먹었어.

> since yesterday는 '어제부터 (쭉)'라는 의미로, 현재완료 부정문을 써서 어제부터 계속 못했던 행동을 말할 수 있습니다. 3인칭 단수 주어일 때는 hasn't를 쓴다는 것에 주의하세요.

❺ It has been a long time since I saw you last. 지난번 널 본 이후로 한참이 지났어.

> "It has been a long time since ~."는 since 뒤에 과거시제의 문장을 넣어 "~한 이후로 오랜 시간이 되었어.", "~한 지 오래됐어."라는 의미가 됩니다. It has been은 It's been으로 축약할 수 있어요.

다음 힌트를 참고하여 문장을 영어로 말해 보세요.

😊 힌트

① 난 7년 동안 그와 함께 일해 왔어. worked with him

② 난 20살 때부터 계속 차가 있어. had a car

③ 난 월요일부터 아팠어. been sick

④ 난 거의 2시간 동안 그녀를 기다려 왔어. waited for her

⑤ 난 7살 때부터 피아노를 쳐 왔어. played the piano

⑥ 난 2년 동안 영어회화를 공부해 왔어. studied English conversation

⑦ 난 어제부터 극심한 두통이 있어. had a terrible headache

⑧ 난 항상 유럽에 가 보고 싶었어. always wanted to go

⑨ 난 항상 너를 믿어 왔어. always trusted you

⑩ 난 항상 좋은 차가 갖고 싶었어. always wanted to have

⑪ 그들은 항상 나를 아주 친절하게 대해 왔어. been so kind to me

⑫ 그는 항상 모범생으로 지내 왔어. been a good student

⑬ 그들은 결혼한 지 10년이 되었어. been married

⑭ 우리는 작년부터 서로 못 만났어. haven't seen each other

⑮ 그녀는 일주일 동안 잠을 잘 못 잤어. hasn't slept well

정답은 다음 페이지에서 확인하세요. ➡

 **STEP 2** 회화 공식 확인하기

실생활 표현을 확인하며 크게 소리 내어 연습해 보세요.

1. I've worked with him for 7 years.

2. I've had a car since I was 20.

3. I've been sick since Monday.

4. I've waited for her for nearly 2 hours.

5. I've played the piano since I was 7 years old.

6. I've studied English conversation for 2 years.

7. I've had a terrible headache since yesterday.

8. I've always wanted to go to Europe.

9. I've always trusted you.

10. I've always wanted to have a nice car.

11. They've always been so kind to me.

12. He's always been a good student.

13. They've been married for 10 years.

14. We haven't seen each other since last year.

15. She hasn't slept well for a week.

다음 문장을 영어로 써 보고 다시 한 번 복습해 보세요.

① 난 수년 동안 이 순간을 꿈꿔 왔어.

🖉 ....

② 난 Tom을 10년 동안 알고 지냈어.

🖉 ....

③ 난 2020년도부터 여기서 일해 왔어.

🖉 ....

④ 그녀는 항상 외국어에 뛰어났어.

🖉 ....

⑤ 그들은 항상 똑같은 일로 싸워 왔어.

🖉 ....

⑥ 나 일주일 내내 아팠어.

🖉 ....

⑦ 그는 어제부터 아무것도 안 먹었어.

🖉 ....

정답 ① I've dreamed of this moment for years. ② I've known Tom for 10 years. ③ I've worked here since 2020. ④ She's always excelled in foreign languages. ⑤ They've always fought about the same thing. ⑥ I've been sick all week. ⑦ He hasn't eaten anything since yesterday.

과거에 일어난 일이 현재에 영향을 줄 때: 현재완료형+just/already/not ~ yet

I've just/already p.p..

I've just/already p.p..

난 방금/이미 ~했어.

과거에 일어난 일이 지금까지 영향을 줄 때가 있죠? 예를 들어, 어떤 소식을 들은 사실로 인해 지금 그 소식을 알고 있는 경우, 이럴 때에는 과거부터 연결된 지금의 상태를 말해 주는 '현재완료시제'가 필요합니다. "I've just p.p..(난 방금 ~했어.)"와 "I've already p.p..(난 이미 ~했어.)"로 말해 보세요.

I've just seen the movie.	난 방금 그 영화를 봤어.
I've just heard the news.	난 방금 그 소식을 들었어.
I've just left the office.	난 방금 사무실을 떠났어.
I've just bought the book.	난 방금 그 책을 샀어.
I've just sold my car.	난 방금 내 차를 팔았어.
I've already had lunch.	난 이미 점심을 먹었어.
I've already finished the report.	난 벌써 그 보고서를 끝냈어.
I've already thought about it.	난 이미 그것에 대해 생각해 봤어.
I've already been there.	나 이미 거기 가 봤어.
I've already told you.	내가 이미 너에게 말했잖아.

I haven't p.p. yet.

난 아직 ~하지 못했어.

앞으로 일어나길 기대하지만 지금까지 하지 못한 일, 아직 일어나지 않은 일이 있죠? 그럴 때는 현재 완료시제에 'not ~ yet'을 추가해 줍니다. yet은 '아직'이라는 뜻이죠. "I have not p.p. yet."은 "난 아직 ~하지 못했어."의 뜻이 됩니다. have not을 주로 haven't로 축약해서 말합니다.

I haven't met him yet.	난 아직 그를 못 만났어.
I haven't seen the movie yet.	난 아직 그 영화를 못 봤어.
I haven't decided yet.	난 아직 결정 못 했어.
I haven't heard from him yet.	아직 그에게 연락이 없어.
I haven't met Mr. Right yet.	난 아직 이상형을 못 만났어.
We haven't even had dinner yet.	우린 아직 저녁도 못 먹었어.
He hasn't arrived yet.	그는 아직 도착하지 않았어.
He hasn't gone to work yet.	그는 아직 출근하지 않았어.
She hasn't passed the test yet.	그녀는 아직 그 시험에 합격하지 못했어.
She hasn't started it yet.	그녀는 아직 시작을 안 했어.

 '아침/점심/저녁을 먹다'라고 할 때 동사 **have**를 사용합니다. **have breakfast/lunch/dinner**라고 하죠. **Mr. Right**은 여성 입장에서 '이상형', '이상적인 남자'를 의미합니다.

플러스 표현으로 실력 향상!

최근에 있었던 일이 지금의 상황에 연결되는 경우가 많죠? just(방금), already(이미, 벌써), yet(아직) 등의 부사와 함께 현재완료시제를 만들 수 있습니다. 이 부사들이 갖고 있는 의미 때문에 단순과거시제를 써도 현재완료시제와 같은 의미를 전달할 수 있어요.

❶ He's already gone. 그는 이미 가 버렸어.

> '이미 가서 지금 이 자리에 없다'라는 뜻이에요.

❷ I just arrived at the office. 나 방금 사무실에 도착했어.

> 일반적으로 단순과거시제는 그 이야기가 과거에만 머물러 있는데, 동사의 과거형을 'just'와 함께 쓰면 현재완료의 의미를 나타낼 수 있어요. 위 문장의 경우, '방금 사무실에 도착해서 지금 사무실이다'라는 뜻이 됩니다. "I've just arrived at the office."와 같은 뜻이에요.

❸ I've already told you. 내가 이미 너에게 말했잖아.

> already는 '이미', '벌써'라는 뜻이죠. just처럼 단순과거시제와 함께 써도 현재완료시제 같은 의미를 나타냅니다. '내가 (과거에) 이미 너에게 말했으니 넌 (지금) 알고 있다'라는 의미가 됩니다.

❹ I haven't told him yet. 난 아직 그에게 말하지 않았어.

> 지금까지 하지 않은 일은 'not~ yet'을 써서 말합니다. 곧 할 거라고 기대되거나 하게 될 일을 말할 때 씁니다. 이때 'not ~ yet'을 단순과거시제와 써도 현재완료시제와 같은 의미가 됩니다. '나 지금까지는 그에게 말 못했지만 곧 할 거야'라는 뜻이에요.

❺ I haven't decided whether to go there or not yet.
난 거기에 갈지 말지 아직 결정하지 못했어.

> I haven't decided 뒤에 'whether ~ or not'을 써서 '~을 할지 말지'라는 표현을 덧붙일 수 있어요. 'whether to+동사원형 or not'의 어순을 지켜 주세요.

 **STEP 1** 회화 공식 연습하기

다음 힌트를 참고하여 문장을 영어로 말해 보세요.

😊 **힌트**

1 난 방금 네 사무실에 도착했어.　　　arrived at your office

2 난 방금 점심을 먹었어.　　　had lunch

3 난 방금 그를 만났어.　　　met him

4 난 벌써 그거 다 했어.　　　done it

5 난 벌써 그거 시도해 봤어.　　　tried that

6 내가 이미 너에게 그것에 대해 말했잖아.　　　told you about it

7 난 이미 네 질문에 답해 줬어.　　　answered your question

8 난 아직 그 영화를 못 봤어.　　　seen the movie

9 난 아직 그 책 못 읽었어.　　　read the book

10 난 그를 볼지 말지 아직 결정하지 못했어.　　　whether to see him or not

11 그는 아직 도착하지 않았어.　　　arrived

12 그는 아직 아침을 못 먹었어.　　　had breakfast

13 그녀는 아직 이상형을 못 만났어.　　　met Mr. Right

14 그녀는 아직 학교에서 집에 안 왔어.　　　come home from school

15 그녀는 이미 가 버렸어.　　　gone

정답은 다음 페이지에서 확인하세요. ➡

실생활 표현을 확인하며 크게 소리 내어 연습해 보세요.

1 I've just arrived at your office.

2 I've just had lunch.

3 I've just met him.

4 I've already done it.

5 I've already tried that.

6 I've already told you about it.

7 I've already answered your question.

8 I haven't seen the movie yet.

9 I haven't read the book yet.

10 I haven't decided whether to see him or not yet.

11 He hasn't arrived yet.

12 He hasn't had breakfast yet.

13 She hasn't met Mr. Right yet.

14 She hasn't come home from school yet.

15 She's already gone.

다음 문장을 영어로 써 보고 다시 한 번 복습해 보세요.

① 난 방금 그 보고서를 끝냈어.

🖊 ....

② 난 방금 그 소식을 들었어.

🖊 ....

③ 나 파리에 이미 가 봤어.

🖊 ....

④ 내가 이미 너에게 말했잖아.

🖊 ....

⑤ 난 아직 그에게 말하지 못했어.

🖊 ....

⑥ 그는 거기에 갈지 말지 아직 결정하지 못했어.

🖊 ....

⑦ 그녀는 아직 그거 다 못했어.

🖊 ....

정답 **①** I've just finished the report. **②** I've just heard the news. **③** I've already been to Paris. **④** I've already told you. **⑤** I haven't told him yet. **⑥** He hasn't decided whether to go there or not yet. **⑦** She hasn't done it yet.

과거에 시작한 일을 지금도 계속 하고 있을 때: 현재완료 진행형

I've been -ing.

공식 1

I've been -ing.
난 ~해 오고 있어.

'have been -ing'는 '현재완료+현재진행'의 의미를 한 번에 말해 주는 시제입니다. 과거의 어떤 순간부터 쭉 해 왔고, 지금도 계속 하고 있는 중일 때 이 표현을 씁니다. 문장 뒤에는 '하루 종일', '일주일째', '10년째' 등 얼마나 오래 진행되고 있는지 기간을 더해 줄 수 있어요.

I've been working **very hard all day.**	난 하루 종일 아주 열심히 일해 오고 있어.
I've been thinking **about you all night.**	난 밤새도록 너에 대해 생각해 오고 있어.
I've been looking **everywhere for you.**	난 너 찾느라 사방을 헤매고 다녔어.
I've been looking for **my wallet for an hour.**	난 1시간째 내 지갑을 찾고 있어.
I've been studying **English for 6 months.**	난 6개월째 영어를 공부해 오고 있어.
We've been staying **at home for a month.**	우리는 한 달째 집에 머무르고 있어.
He's been watching **TV all day.**	그는 하루 종일 TV를 보고 있는 중이야.
He's been eating **too much recently.**	그는 최근에 너무 많이 먹고 있어.
She's been seeing **John for 3 years.**	그녀는 3년째 존을 사귀고 있어.
She's been teaching **for 10 years.**	그녀는 10년째 가르쳐 오고 있어.

How long have you been -ing?
얼마나 오래 ~해 오고 있는 중이니?

지금까지 계속 해 오고 있는 일을 'have been -ing'로 말할 수 있죠. How long(얼마나 오래)을 사용해서 그 기간이 얼마나 오래 되었는지 질문할 수도 있어요. 의문문이므로 주어와 have의 위치를 바꿔서 "How long have you been -ing?"로 물어봅니다.

How long have you been **working here?**	얼마나 오래 여기서 일하는 중이야?
How long have you been **living in LA?**	얼마나 오래 LA에 살고 있는 중이야?
How long have you been **thinking?**	얼마나 오래 생각하는 중이니?
How long have you been **waiting?**	얼마나 오래 기다리는 중이니?
How long have you been **studying?**	얼마나 오래 공부하는 중이니?
How long have you been **seeing her?**	얼마나 오래 그녀를 사귀는 중이야?
How long have you been **playing tennis?**	얼마나 오래 테니스를 치는 중이니?
How long have you been **driving?**	얼마나 오래 운전해 오고 있니?
How long have you been **teaching?**	얼마나 오래 가르쳐 오고 있는 거야?
How long have you been **using this?**	얼마나 오래 이걸 사용해 오고 있니?

 '모든 곳으로', '사방으로'라고 말할 때는 **everywhere**를 사용합니다. 이때 전치사는 따로 쓰지 않아요.

과거부터 현재까지 일정 기간 동안 계속 해 오고 있는 일, 그리고 그 일을 지금도 하고 있다면 현재완료 진행형(have been -ing)이 필요해요. "나 여기서 10년 동안 쭉 살고 있는 중이 야."처럼 아직 끝나지 않은 이야기를 말할 때 자주 씁니다.

❶ How long have you known Tom? 너 톰을 얼마나 오래 알고 지내 왔어?

알다 know는 어떤 동작이 아니라 '상태'를 말해 주는 동사죠. 이러한 상태동사는 현재형 자체가 지금을 말해 주므로 진행형으로 쓰지 않아요. 그래서 현재완료 진행형이 아닌 현재완료시제로 표현해서 지금도 알고 지내 는 상태인지를 물어봅니다.

　　How long have you been knowing him? (x)

❷ How long has it been raining? 얼마나 오랫동안 비가 내리고 있는 중이지?

날씨를 표현할 때 주어는 'it'을 쓴다는 것을 꼭 기억하세요. it은 3인칭 단수 주어라서 have 대신 has와 함께 써야 해요.

❸ What have you been doing? 넌 뭐 하며 지내 오고 있니?

have been -ing 자체가 과거부터 현재까지 해 왔고 지금도 하는 중인 일을 말해 주죠. 상대방이 뭐 하면서 지내 오고 있는지 궁금해서 묻는 질문이에요.

❹ How have you been doing? 그동안 어떻게 지냈어?

직역하면 '어떻게 지내 오고 있는 거니?'라는 뜻이에요. 지금까지 잘 지내 왔는지 안부를 묻는 인사말이에요.

❺ I haven't been drinking enough water. 난 물을 충분히 마시지 않고 있어.

현재완료 진행형도 현재완료 문장처럼 have 뒤에 'not'만 붙이면 부정문이 됩니다.

　　He hasn't been sleeping well. 그는 잠을 계속 잘 못 자고 있어.

다음 힌트를 참고하여 문장을 영어로 말해 보세요.

☺ **힌트**

1 난 하루 종일 보고서를 쓰고 있는 중이야.

writing my report

2 난 20분 동안 그 버스를 기다리고 있어.

waiting for the bus

3 난 밤새도록 너에 대해 생각해 오고 있어.

thinking about you

4 난 3시부터 테니스를 치고 있는 중이야.

playing tennis

5 난 2개월 동안 집에 머물러 있는 중이야.

staying at home

6 난 최근에 너무 많이 먹고 있어.

eating too much

7 그는 10시간 동안 잠을 자고 있어.

sleeping

8 그녀는 3년 동안 존을 사귀고 있어.

seeing John

9 얼마나 오래 여기서 일해 오고 있는 중이야?

How long

10 얼마나 오랫동안 여기서 살고 있는 중이야?

living here

11 얼마나 오랫동안 영어를 공부해 오고 있니?

studying English

12 얼마나 오랫동안 비가 내리고 있는 중이지?

How long has it

13 넌 뭐 하며 지내 오고 있니?

What

14 난 20살 때부터 여기서 살고 있는 중이야.

since I was 20

15 비가 어제부터 계속 내리고 있는 중이야.

since yesterday

정답은 다음 페이지에서 확인하세요. ➡

243

실생활 표현을 확인하며 크게 소리 내어 연습해 보세요.

1 I've been writing my report all day.

2 I've been waiting for the bus for 20 minutes.

3 I've been thinking about you all night.

4 I've been playing tennis since 3:00.

5 I've been staying at home for two months.

6 I've been eating too much recently.

7 He's been sleeping for ten hours.

8 She's been seeing John for three years.

9 How long have you been working here?

10 How long have you been living here?

11 How long have you been studying English?

12 How long has it been raining?

13 What have you been doing?

14 I've been living here since I was 20.

15 It's been raining since yesterday.

다음 문장을 영어로 써 보고 다시 한 번 복습해 보세요.

1 그동안 어떻게 지냈어?

🖋 ....

2 난 하루 종일 아주 열심히 일해 오고 있어.

🖋 ....

3 난 너 찾느라 사방을 헤매고 다녔어.

🖋 ....

4 나를 얼마나 오래 기다려 오고 있는 거니?

🖋 ....

5 얼마나 오래 기타를 연주해 오고 있는 거야?

🖋 ....

6 그는 일주일 동안 잠을 계속 잘 못 자고 있어.

🖋 ....

7 넌 그를 얼마나 오래 알고 지내 왔어?

🖋 ....

정답 ❶ How have you been doing? ❷ I've been working very hard all day. ❸ I've been looking everywhere for you. ❹ How long have you been waiting for me? ❺ How long have you been playing the guitar? ❻ He hasn't been sleeping well for a week. ❼ How long have you known him?

'누구'인지 궁금할 때: Who 의문문 1

Who + 동사?

Who + 동사 현재형?

누가 ~하니?

Who, What, When, Where, How, Why 등의 의문사로 시작하는 영어 문장을 의문사 의문문
이라고 합니다. '누구'인지 주체에 대해 물어볼 때는 'Who'로 질문합니다. 이때 주의할 점은 바로 어
순이에요. Who가 '누가'로 해석된다면, Who 자체가 이 문장의 주어이므로 그 뒤에 바로 '동사'를
써 주세요. 이때 Who는 3인칭 단수 주어로 취급합니다.

Who knows?	누가 알아? / 아무도 몰라. / 혹시 모르지.
Who cares?	누가 신경이나 쓰니? / 아무도 신경 안 써.
Who wants more coffee?	커피 더 마실 사람?
Who's winning?	누가 이기고 있니?
Who's bothering you?	누가 너를 괴롭히고 있니?
Who's coming with me?	누가 나랑 같이 갈래?
Who's starring in the movie?	누가 그 영화에 주연으로 나오고 있어?
Who's going to pick up the tab?	누가 계산할 거야?
Who's going to replace Tom?	누가 톰을 대신할 건가요?
Who's going to tell me what happened?	무슨 일이 있었는지 누가 말해 줄 거니?

Who + 동사 과거형?

누가 ~했니?

"누가 이랬니?", "누가 그런 말을 했어?"처럼 이미 일어난 일을 누가 했는지 궁금해할 때, 의문사 Who 뒤에 바로 동사의 과거형을 붙여 주면 됩니다.

Who did this?	누가 이랬어?
Who did this to you?	누가 너한테 이런 거야?
Who did the best job?	누가 제일 잘했나요?
Who did your hair?	누가 네 머리를 해 준 거야?
Who took my laptop?	누가 내 노트북을 가져갔지?
Who said that?	누가 그런 말을 했어?
Who told you that?	누가 너에게 그런 말을 했어?
Who won the game?	누가 그 경기에서 이겼어?
Who made this cake?	누가 이 케이크를 만들었어?
Who made you cry?	누가 너를 울게 만들었니?

 "Who knows?"에서 실제로 누가 그것을 아는지 물어보려면 뒤에 목적어를 적어 주는 것이 더 명확하게 의미를 전달할 수 있습니다. "Who knows that?(누가 그것을 알아?)"처럼요.

플러스 표현으로 실력 향상!

의문사 Who가 의문문의 주어일 때, Who를 3인칭 단수 주어로 취급해서 문장을 만들어야 한다는 것을 꼭 기억하세요.

① Who's in charge of this project? 누가 이 프로젝트의 책임자인가요?

'be in charge of ~'는 '~을 책임지고 담당하다'라는 뜻이에요. be동사의 현재형은 3인칭 단수 주어일 때 is를 써야 하므로 Who 뒤에 is를 붙여 "Who's ~?"로 말합니다.

② Who else is available? 또 누가 시간이 되나요?

available은 '시간이 있는'이라는 뜻의 형용사입니다. 형용사를 동사처럼 문장의 서술어로 쓰려면 be동사의 도움이 필요하죠. Who는 3인칭 단수 주어이므로 be동사 is가 와야 합니다. 'Who else'는 '또 누가'라는 뜻이에요.

③ Who am I? 내가 누구게?

누군가의 정체가 궁금할 때, "Who+be동사+주어?"로 물어보면 "~은 누구야?"라는 뜻이 됩니다. 주어에 맞는 be동사를 꼭 맞춰서 말해야 합니다.

    Who are they? 그들은 누구야?
    Who is the man? 그 남자는 누구야?

④ Who can't? 누가 못 해?

대화 중에 "그거 누가 못 해? (다 할 수 있지.)"라는 말을 할 때가 있어요. can't만 붙여서 간단하게 표현할 수 있습니다.

    Who doesn't? 누가 안 그래? (다 그렇지.)

⑤ Who would do that? 누가 그런 걸 하겠어?

이때 would는 '가정', '추측'의 의미를 담고 있어요. "Who would ~?"라고 하면 "누가 ~하겠어? (아무도 안 그럴 거야.)"라고 추측을 하는 표현이죠.

    Who would believe that? 누가 그걸 믿겠어? (아무도 안 믿을 거야.)

248

다음 힌트를 참고하여 문장을 영어로 말해 보세요.

😊 힌트

1 누가 신경이나 쓰니?   Who

2 누가 나랑 같이 갈래?   coming with me

3 누가 무대에서 노래하고 있는 거야?   singing on the stage

4 또 누가 시간이 되나요?   available

5 누가 못 해?   can't

6 누가 이번에 계산할 거야?   pick up the tab

7 누가 저녁 식사비를 낼 거니?   pay for dinner

8 누가 너한테 이런 거야?   did this

9 누가 그 경기에서 이겼나요?   won the game

10 누가 유리창을 깼어?   broke the window

11 누가 너에게 그런 말 했어?   told you that

12 누가 너를 열받게 했니?   made you upset

13 내가 누구게?   am I

14 그들은 누구야?   are they

15 누가 안 그래? (다 그렇지.)   doesn't

정답은 다음 페이지에서 확인하세요. ➔

249

실생활 표현을 확인하며 크게 소리 내어 연습해 보세요.

① Who cares?

② Who's coming with me?

③ Who's singing on the stage?

④ Who else is available?

⑤ Who can't?

⑥ Who's going to pick up the tab this time?

⑦ Who's going to pay for dinner?

⑧ Who did this to you?

⑨ Who won the game?

⑩ Who broke the window?

⑪ Who told you that?

⑫ Who made you upset?

⑬ Who am I?

⑭ Who are they?

⑮ Who doesn't?

STEP 3 회화 공식으로 영작하기

다음 문장을 영어로 써 보고 다시 한 번 복습해 보세요.

1 커피 더 마시고 싶은 사람?

✏️ ....

2 누가 그걸 믿겠어?

✏️ ....

3 그 영화에 누가 주연으로 나오고 있어?

✏️ ....

4 누가 Tom을 대신할 건가요?

✏️ ....

5 누가 제일 잘했나요?

✏️ ....

6 누가 그런 말을 했어?

✏️ ....

7 누가 이 프로젝트의 책임자인가요?

✏️ ....

정답 **1** Who wants more coffee? **2** Who would believe that? **3** Who's starring in the movie? **4** Who's going to replace Tom? **5** Who did the best job? **6** Who said that? **7** Who's in charge of this project?

'누구를'인지가 궁금할 때: Who 의문문 2

Who do you ~?

공식 1

Who do you + 동사원형?
넌 누구를 ~하니?

의문사 의문문에서 Who는 명사예요. 그래서 목적어가 될 수도 있죠. "누구를 좋아하니?", "누구와
일하니?"처럼 "누구를 ~하니?"라고 물어볼 때는 Who do you 뒤에 동사원형을 붙이면 됩니다.
과거를 물어볼 때는 do를 did로 바꿔서 "Who did you+동사원형?"으로 말하면 됩니다.

Who do you **support?**	넌 누구를 지지하니?
Who do you **like?**	넌 누구를 좋아하니?
Who do you **trust?**	넌 누구를 신뢰하니?
Who do you **work with?**	넌 누구와 일하니?
Who do you **hang out with?**	넌 누구와 어울려 노니?
Who did you **talk to?**	너 누구에게 얘기했니?
Who did you **meet yesterday?**	너 어제 누구를 만났어?
Who did you **watch the movie with?**	너 그 영화 누구랑 봤어?
Who did you **hear from?**	넌 누구한테서 들었어?
Who did you **work for?**	당신은 누구 밑에서 일했어요?

Who are you -ing?

넌 누구를 ~하고 있니?

현재진행형인 "You're talking to ~." 또는 미래형인 "You're going to meet ~."처럼 be동사가 필요한 문장들은 의문사 Who 뒤에 주어와 be동사의 위치만 바꿔서 의문문을 만들 수 있습니다. "Who are you+-ing?", "Who are you going to ~?"로 물어보세요.

Who are you **looking for?**   넌 누구를 찾고 있니?

Who are you **waiting for?**   넌 누구를 기다리고 있니?

Who are you **rooting for?**   넌 누구를 응원하고 있니?

Who are you **talking to?**   너 누구랑 얘기하고 있니?

Who are you **talking about?**   너 누구에 대해 말하고 있는 거야?

Who are you **going to meet after work?**   너 퇴근 후에 누구를 만날 거야?

Who are you **going to report to?**   너 누구에게 보고할 거야?

Who are you **going to believe?**   너 누구를 믿을 거야?

Who are you **going to go with?**   너 누구랑 같이 갈 거야?

Who are you **going to vote for?**   너 누구에게 투표할 거야?

 전치사에 따라 의미가 달라지는 경우가 있으니 주의해서 사용해야 합니다. **talk** 뒤에 **about**이 오면 '~에 대해 말하다'가 되고, **to**가 오면 '~에게 말하다'라는 뜻이 됩니다.

플러스 표현으로 실력 향상!

의문사 의문문은 Who, What, When, Where, How, Why 등의 의문사로 시작하는 의문문입니다. Who가 문장의 목적어일 때도 문장의 맨 앞에 와야 합니다. 의미상 동사나 전치사의 목적어로 해석되지만, 의문사부터 시작하는 영어의 어순은 반드시 지켜야 해요.

① Who do you agree with? 넌 누구의 말에 동의하니?

'agree with ~'는 '~와 같은 의견을 가지다', '~의 말에 동의하다'라는 뜻이에요. 누구의 말에 동의하는지 질문할 때는 "Who do you agree with?"로 물어봅니다. 목적어 Who는 문장 맨 앞으로 가니까, 전치사만 문장 끝에 남게 됩니다.

② Who do you resemble more, your mother or your father?
당신의 어머니와 아버지 중에 누구를 더 닮았나요?

무엇인가 선택 사항을 줄 때 'A or B'로 말하면 됩니다.

　　Who do you support more, Tom or Jane?
　　톰과 제인 중에 누구를 더 지지하나요?

③ When you feel lonely, who do you talk to?
당신이 외롭다고 느낄 때, 누구와 이야기하나요?

When 뒤에 '주어+동사'의 문장을 붙이면 '~할 때'가 됩니다.

④ Who does he like? 그는 누구를 좋아하니?

he는 3인칭 단수 주어입니다. 이때는 do 대신 does로 의문문을 만들어야 합니다.

　　Who does she love? 그녀는 누구를 사랑하니?

⑤ Who is he calling all day long? 그는 하루 종일 누구한테 전화하고 있는 거야?

주어에 맞는 be동사를 잘 사용해야 합니다. call은 '~에게 전화하다'입니다. call 뒤에는 전치사를 쓰지 않아도 됩니다.

다음 힌트를 참고하여 문장을 영어로 말해 보세요.

☺ **힌트**

① 넌 누구를 정말 존경하니? really admire

② 넌 누구를 믿니? believe

③ 넌 누구와 일하고 싶니? want to work with

④ 넌 주로 누구와 어울려 놀아? usually hang out with

⑤ 너 누구와 공부하니? study with

⑥ 너 어제 누구를 만났어? meet yesterday

⑦ 너 거기에 누구랑 같이 갔어? go there with

⑧ 너 파티에 누구를 초대했니? invite to the party

⑨ 너 누구를 기다리고 있니? waiting for

⑩ 너 누구랑 얘기하고 있니? talking to

⑪ 너 누구랑 같이 갈 거야? go with

⑫ 너 누구에게 투표할 거야? vote for

⑬ 너 누구랑 그 영화 볼 거야? watch the movie with

⑭ 그는 누구를 좋아하니? like

⑮ 제니는 하루 종일 누구한테 전화하고 있니? calling all day long

정답은 다음 페이지에서 확인하세요. →

STEP 2 회화 공식 확인하기

실생활 표현을 확인하며 크게 소리 내어 연습해 보세요.

1. Who do you really admire?
2. Who do you believe?
3. Who do you want to work with?
4. Who do you usually hang out with?
5. Who do you study with?
6. Who did you meet yesterday?
7. Who did you go there with?
8. Who did you invite to the party?
9. Who are you waiting for?
10. Who are you talking to?
11. Who are you going to go with?
12. Who are you going to vote for?
13. Who are you going to watch the movie with?
14. Who does he like?
15. Who is Jenny calling all day long?

STEP 3 회화 공식으로 영작하기

다음 문장을 영어로 써 보고 다시 한 번 복습해 보세요.

1 넌 누구를 좋아하니?

✎ ....

2 당신은 누구 밑에서 일했어요?

✎ ....

3 당신이 외롭다고 느낄 때, 누구와 이야기하나요?

✎ ....

4 넌 누구를 응원하고 있니?

✎ ....

5 너 누구에 대해 말하고 있는 거야?

✎ ....

6 너 퇴근 후에 누구를 만날 거야?

✎ ....

7 넌 누구의 말에 동의하니?

✎ ....

정답 **1** Who do you like? **2** Who did you work for? **3** When you feel lonely, who do you talk to? **4** Who are you rooting for? **5** Who are you talking about? **6** Who are you going to meet after work? **7** Who do you agree with?

'무엇'인지 궁금할 때: What 의문문 1

What + 동사?

What + 동사 현재형?

무엇이 ~하나요?

대화 중에 의문사 What으로 시작하는 문장이 상당히 많죠. 여기서 꿀팁은 What을 명사로 보면 쉽다는 거예요. 명사니까 문장의 주어가 될 수 있어요. What이 의문문의 주어일 때 뒤에 바로 동사를 붙여 주세요. 이때 What은 3인칭 단수 취급해서 문장을 만듭니다.

What makes you happy?	무엇이 널 행복하게 만드니?
What makes you think so?	무엇이 널 그렇게 생각하게 만드니?
What makes you a good team player?	무엇이 널 좋은 팀 플레이어로 만드는 거야?
What comes next?	다음은 뭐지?
What comes with the main dish?	메인 요리에 뭐가 함께 나오나요?
What brings you here?	어쩐 일로 네가 여기에 온 거니?
What brings you all the way here?	어쩐 일로 이 멀리까지 온 거니?
What's going on here?	여기에 무슨 일이 일어나고 있는 거야?
What's happening?	무슨 일이야?
What's bothering you?	뭐가 널 괴롭히니?

What is ~?

~가 뭐야?

"요점이 뭐야?", "문제가 뭐야?", "그게 뭐야?" 등 궁금한 내용은 모두 "What's ~?"로 간단히 물어볼 수 있어요. What's 뒤에 궁금한 것을 넣어 말해 보세요. 반면 "What's ~ like?"는 어떤 것에 대해 설명해 달라는 거예요. 좋은지 나쁜지, 상태나 성격 등을 대답하면 됩니다.

What's **the point?**	요점이 뭐야?
What's **the difference?**	차이점이 뭐야?
What's **the reason?**	이유가 뭐야?
What's **the score now?**	지금 점수가 어떻게 돼?
What's **the meaning of this word?**	이 단어의 뜻이 뭐야?
What's **the secret to your success?**	당신 성공의 비결이 뭔가요?
What's **your new place like?**	네 새집은 어떠니?
What's **your new boss like?**	네 새로운 직장 상사는 어때?
What's **your new teacher like?**	네 새로운 선생님은 어떠니?
What's **the weather like?**	날씨가 어때?

"**What bring you here?**"은 직역하면 "무엇이 널 여기로 데리고 왔니?"로, "무슨 일로 여기에 왔어?"라는 의미가 됩니다.

무엇인지 궁금하면 의문사 What으로 물어보면 됩니다. 일상생활에서 자주 쓰는 회화 문장을 소리 내어 말하며 익혀 보세요.

❶ What took you so long? 뭐가 그렇게 오래 걸렸어?

"왜 이렇게 늦었어?"라는 뜻이죠. 이때 동사 take의 과거형 took이 사용되었어요. take의 수많은 의미 중에 '(얼마의 시간이) 걸리다'라는 뜻으로 쓰였습니다. 직역하면 "뭐가 널 그렇게 시간이 오래 걸리게 했니?"라는 말입니다. 늦게 온 상대방에게 자주 쓰는 말이니 꼭 기억해 두세요.

❷ What makes you say that? 왜 그런 말을 해?

직역하면 "무엇이 네가 그런 말을 하게 만드니?"입니다. What makes you 뒤에 you를 보충해 주는 말로 '명사, 형용사, 동사원형'이 모두 올 수 있어요.

❸ What's the matter with you? 너 뭐가 문제길래 그래? / 어떻게 된 거야?

직역하면 "너에게 무엇이 문제니?"라는 뜻이죠. 다정하게 묻는 질문이 아니에요. 상대방의 말이나 행동에 불만을 표하며 "너 뭐가 문제야?", "너 어떻게 된 거야?"라고 책망하거나 화를 내면서 말하는 표현이에요.

❹ What's your problem? 너 문제가 뭐야?

문장 자체는 문제가 없어 보이지만 역시 조심해서 사용해야 하는 말이에요. 상대방을 걱정하면서 "너의 문제가 무엇이니?" 하고 물어보는 뉘앙스가 아니에요. "(너 좀 이상하네.) 문제가 뭐야?"라는 느낌으로, 상대방이 이해할 수 없는 행동을 할 때 쓰는 표현이에요.

❺ What's on your mind? 너 무슨 생각하는 거야?

직역하면 "네 마음속에 뭐가 있니?"라는 뜻이죠. 무슨 생각을 하고 있는지 묻는 말이에요. 여기서의 mind는 명사로 '정신', '마음'이라는 의미로 쓰였어요.

다음 힌트를 참고하여 문장을 영어로 말해 보세요.

😊 힌트

1 뭐가 당신을 그렇게 자신만만하게 만드나요?　　so confident

2 무엇이 당신을 영어 공부하게 만드나요?　　study English

3 왜 그런 말을 해?　　say that

4 이 햄버거에 뭐가 함께 나오나요?　　comes with

5 이 시간에 여기 어쩐 일이야?　　at this hour

6 무슨 일이야?　　happening

7 너에게 무슨 일이 일어났니?　　happened

8 당신 성공의 비결이 뭔가요?　　the secret to your success

9 하늘에 저게 뭐야?　　in the sky

10 네 혈액형이 뭐야?　　your blood type

11 너 MBTI 성격 유형이 뭐야?　　your MBTI personality type

12 네 새집 어떠니?　　your new place like

13 그는 학교에서는 어떠니?　　at school

14 너 무슨 생각하는 거야?　　on your mind

15 너 뭐가 문제길래 그래?　　with you

정답은 다음 페이지에서 확인하세요. ➔

261

STEP 2 회화 공식 확인하기

실생활 표현을 확인하며 크게 소리 내어 연습해 보세요.

1 What makes you so confident?

2 What makes you study English?

3 What makes you say that?

4 What comes with this hamburger?

5 What brings you here at this hour?

6 What's happening?

7 What happened to you?

8 What's the secret to your success?

9 What's that in the sky?

10 What's your blood type?

11 What's your MBTI personality type?

12 What's your new place like?

13 What's he like at school?

14 What's on your mind?

15 What's the matter with you?

STEP 3 회화 공식으로 영작하기

다음 문장을 영어로 써 보고 다시 한 번 복습해 보세요.

1 무엇이 널 그렇게 생각하게 만드니? / 왜 그렇게 생각해?

✎ ....

2 메인 요리에 뭐가 함께 나오나요?

✎ ....

3 뭐가 그렇게 오래 걸렸어?

✎ ....

4 여기 무슨 일이 일어나고 있는 거야?

✎ ....

5 이 시간에 여기 어쩐 일이야?

✎ ....

6 날씨가 어때?

✎ ....

7 이 단어의 뜻이 뭐야?

✎ ....

정답 **1** What makes you think so? **2** What comes with the main dish? **3** What took you so long?
4 What's going on here? **5** What brings you here at this hour? **6** What's the weather like? **7** What's the
meaning of this word?

263

'무엇을'인지가 궁금할 때: What 의문문 2

What do you ~?

What do you + 동사원형?

넌 무엇을 ~하니?

의문사 의문문에서 What은 Who와 같이 명사이므로, 목적어가 될 수도 있어요. What이 문장 제일 처음에 나오고 'do you+동사원형?'의 어순대로 말하면 "넌 무엇을 ~하니?"라는 뜻이 됩니다. 과거의 일을 물어보고 싶을 때는 "What did you+동사원형?"으로 말하면 됩니다.

What do you **do?**	무슨 일 하세요?
What do you **want to do?**	넌 뭐 하고 싶어?
What do you **know about me?**	네가 나에 대해 뭘 알아?
What do you **mean?**	무슨 말이야?
What do you **think?**	넌 어떻게 생각해?
What did you **do last weekend?**	너 지난 주말에 뭐 했어?
What did you **have for lunch?**	너 점심으로 뭐 먹었어?
What did you **say?**	뭐라고 말했지?
What did you **study in college?**	넌 대학에서 뭐 공부했어?
What did you **want to be as a child?**	어렸을 때 넌 뭐가 되고 싶었니?

What are you -ing?

넌 무엇을 ~하고 있니?

의문사 의문문에서 What이 목적어일 때, 나머지 단어들은 What 뒤에 의문문 어순대로 붙여 주면
됩니다. 현재진행형(be+-ing)이나 미래형(be going to ~)과 같이 be동사가 들어간 문장은 주어
와 be동사의 위치를 바꿔 'What are you ~'로 시작하게 되죠.

What are you doing?	너 뭐하고 있니?
What are you looking at?	너 뭘 보고 있니?
What are you looking for?	너 뭘 찾고 있니?
What are you trying to do?	너 뭘 하려는 중이니?
What are you talking about?	너 무슨 소리를 하는 거야?
What are you going to do tomorrow?	너 내일 뭐 할 거니?
What are you going to order?	너 무엇을 주문할 거야?
What are you going to buy at the mall?	너 쇼핑몰에서 뭐 살 거야?
What are you going to drink?	너 뭐 마실 거야?
What are you going to tell him?	너 그에게 뭐라고 말할 거야?

 여기서도 동사 뒤에 붙는 전치사에 따른 의미 변화를 볼 수 있습니다. **look at**이라고 하면 '~을
보다'라는 의미이고, **look for**라고 하면 '~을 찾다'라는 의미입니다.

플러스 표현으로 실력 향상!

What이 의문사 의문문의 목적어일 때 어순에 주의하세요. 시제와 주어에 따라 바뀌는 부분들을 체크하면서 회화 예문을 익혀 보세요.

① What does he do? 그는 무슨 일을 하나요?

그의 직업을 묻는 질문이죠. 현재시제에서 주어가 3인칭 단수일 때 의문문을 만드는 조동사는 do 대신 does를 써야 합니다.

What does Jane do? 제인은 무슨 일을 해?

② What have you done? 너 무슨 짓을 한 거야?

현재완료시제(have p.p.)는 과거부터 현재까지 연결되어 있는 것을 말하는 시제에요. "(과거에) 뭘 어쨌길래 (지금) 이런 거야?" 또는 "(과거에) 무슨 일을 했길래 (지금) 이런 상태니?"라는 의미가 있는 말이에요.

③ What am I doing with my life? 나 내 인생을 가지고 뭐하고 있는 거지?

내가 하고 있는 일이나 선택에 확신이 없을 때 "나 지금 뭐하고 있는 거지?"라고 할 때 있죠? 영어에서도 그런 고민을 할 때 이 문장을 씁니다.

④ What am I going to do? 나 어쩌지?

직역하면 "난 무엇을 할 것이지?"이지만, 내 자신이 뭘 할지 스스로 모를 때 "나 어쩌지?"라는 의미로 쓰여요.

⑤ What does he look like? 그는 어떻게 생겼어?

그 사람의 외모가 어떤지 물어보는 질문이에요. 'look like ~'는 '~처럼 보이다'라는 뜻이에요. "What is he like?"는 '그 사람의 성격'을 묻는 질문이에요. 두 문장의 의미가 다르니 구분해서 알아 두세요.

다음 힌트를 참고하여 문장을 영어로 말해 보세요.

😊 힌트

1 너 주말마다 주로 뭐하니?   usually do

2 네가 뭘 알아?   know

3 넌 그를 어떻게 생각해?   think of him

4 무슨 말이야?   mean

5 네 남동생은 무슨 일을 해?   your brother

6 그는 어떻게 생겼어?   look like

7 너 쉬는 날 뭐했어?   on your day off

8 너 네 머리에 뭘 한 거야?   do to your hair

9 너 무슨 짓을 한 거야?   have done

10 너 지금 뭐하고 있어?   doing now

11 너 뭐 읽고 있어?   reading

12 갑자기 무슨 소리 하는 거야?   all of a sudden

13 너 뭘 찾고 있니?   looking for

14 너 그 돈 가지고 뭐 할 거야?   with the money

15 나 어쩌지?   am I going to

정답은 다음 페이지에서 확인하세요. ➡

회화 공식 확인하기

실생활 표현을 확인하며 크게 소리 내어 연습해 보세요.

1 What do you usually do on weekends?

2 What do you know?

3 What do you think of him?

4 What do you mean?

5 What does your brother do?

6 What does he look like?

7 What did you do on your day off?

8 What did you do to your hair?

9 What have you done?

10 What are you doing now?

11 What are you reading?

12 What are you talking about all of a sudden?

13 What are you looking for?

14 What are you going to do with the money?

15 What am I going to do?

STEP 3 회화 공식으로 영작하기

다음 문장을 영어로 써 보고 다시 한 번 복습해 보세요.

1 네가 나에 대해 뭘 알아?

✏️

2 너 뭐라고 말했지?

✏️

3 어렸을 때 넌 뭐가 되고 싶었니?

✏️

4 나 뭐하고 있는 거지?

✏️

5 너 무슨 말 하려는 거야?

✏️

6 너 내일 뭐 할 거니?

✏️

7 나 뭐라고 말하지?

✏️

정답 **1** What do you know about me? **2** What did you say? **3** What did you want to be as a child?
4 What am I doing? **5** What are you trying to say? **6** What are you going to do tomorrow? **7** What am I
going to say?

'어떤 것'인지 궁금할 때: What 의문문 3

What+명사 ~?

What + 명사 ~?

어떤/무슨 ~이야?

What 뒤에 구체적인 명사를 붙여 What color(무슨 색깔), What time(몇 시), What flavor (어떤 맛) 등 더 다양한 질문을 만들 수 있어요. 이때 What은 '어떤', '무슨'이라는 뜻으로 뒤에 오는 명사와 한 세트로 생각하면 의미 파악이 쉬워요. 대화할 때 자주 쓰는 예문들로 연습해 보세요.

What color is your car?	네 차는 무슨 색이야?
What size is this jacket?	이 재킷은 몇 사이즈예요?
What day is it today?	오늘 무슨 요일이야?
What date is it today?	오늘 며칠이야?
What time is it?	몇 시예요?
What time do you usually go to work?	넌 주로 몇 시에 출근하니?
What number are you calling?	몇 번에 전화 거신 거죠?
What project are you working on?	너 어떤 프로젝트 하고 있어?
What song do you want to listen to?	너 무슨 노래 듣고 싶어?
What movie are you going to watch?	너 무슨 영화 볼 거야?

What kind of + 명사 ~?

어떤 종류의 ~이야?

종류가 다양한 것에 대해 물어볼 때 "What kind of ~?"를 이용합니다. 여기서 'kind'는 '종류'라는 뜻이죠. 'What kind of+명사'를 한 세트로 생각하고 그 뒤에 의문문의 어순대로 붙여서 말하면 됩니다. 'What kind of ~?' 대신에 'What type of ~?' 또는 'What sort of ~?'라고 말해도 됩니다.

What kind of job do you want?	넌 어떤 종류의 직장을 원하니?
What kind of music do you like?	넌 어떤 종류의 음악을 좋아하니?
What kind of camera do you have?	넌 어떤 종류의 카메라를 갖고 있니?
What kind of food do you like?	넌 어떤 종류의 음식을 좋아하니?
What kind of wine do you like?	넌 어떤 종류의 와인을 좋아하니?
What kind of car are you looking for?	어떤 종류의 차를 찾고 계신가요?
What kind of work do you do?	어떤 종류의 일을 하시나요?
What kind of dressing would you like?	어떤 종류의 드레싱을 원하세요?
What kind of business are you in?	어떤 종류의 업종에 종사하고 계신가요?
What kind of experience do you have?	어떤 종류의 경험을 갖고 있나요?

 "What kind of ~?" 질문은 처음 만났거나 상대방에 대해 알아갈 때 아주 유용한 질문이므로 예문을 많이 외워 두세요.

What 뒤에 명사를 붙이면 더 구체적으로 물어볼 수 있어요. "What+명사 ~?" 또는 "What kind of+명사 ~?"로 더 자세한 정보를 물어보는 연습을 해 보세요.

❶ What color do you like the most? 넌 어떤 색을 가장 좋아하니?

'What+명사' 대신 "What's your favorite color?(네가 가장 좋아하는 색이 뭐니?)"이렇게 물어볼 수도 있어요.

❷ What size do you wear? 치수가 어떻게 되세요?

직역하면 "어떤 치수를 입으세요?"라는 뜻이에요. wear 대신 take를 써서 "What size do you take?"라고 물어볼 수 있어요.

❸ What kind of logic is that? 그게 무슨 종류의 논리야?

'어떤 종류의 논리'인지 궁금해서 물어보는 게 아니라, "그게 무슨 논리야?" 하며 이치에 맞지 않는 말을 들었을 때 따지듯이 쓸 수 있는 문장이에요.

　　What kind of love is that? 그게 무슨 사랑이야?

❹ What kind of friend are you? 넌 무슨 친구가 그러니?

"넌 어떤 종류의 친구야?"라고 궁금해서 물어볼 수도 있지만, 이미 서로 아는 사이에 "What kind of friend are you?"라고 하면 "무슨 친구가 그러니? (친구라면 그러지 말아야지.)"의 의미가 돼요.

❺ Which is better? 어느 것이 더 좋아?

선택할 수 있는 옵션이 A or B, 또는 그 이상의 주어졌을 때, Which를 씁니다. "Which+명사 ~?"의 질문도 가능해요.

　　Which color do you prefer, red or pink?
　　빨간색과 분홍색 중 어느 색이 더 좋아?

다음 힌트를 참고하여 문장을 영어로 말해 보세요.

😊 힌트

❶ 넌 무슨 스포츠 좋아하니? What sports

❷ 오늘 며칠이야? What date

❸ 넌 주로 몇 시에 퇴근하니? get off work

❹ 몇 번에 전화 거신 거죠? What number

❺ 우리 무슨 영화 볼까? What movie

❻ 그는 국적이 어디야? What nationality

❼ 너 무슨 노래 듣고 싶어? What song

❽ 넌 어떤 색을 가장 좋아하니? What color

❾ 어떤 종류의 차에 관심 있나요? are you interested in

❿ 넌 어떤 종류의 직장을 찾고 있니? looking for

⓫ 당신은 어떤 종류의 업종에 계시나요? business

⓬ 넌 어떤 종류의 음식을 좋아하니? What kind of food

⓭ 우리 어느 길로 가면 좋을까? Which way

⓮ 넌 무슨 친구가 그러니? What kind of friend

⓯ 그게 무슨 사랑이야? What kind of love

정답은 다음 페이지에서 확인하세요. ➜

실생활 표현을 확인하며 크게 소리 내어 연습해 보세요.

1 What sports do you like?

2 What date is it today?

3 What time do you usually get off work?

4 What number are you calling?

5 What movie are we going to watch?

6 What nationality is he?

7 What song do you want to listen to?

8 What color do you like the most?

9 What kind of car are you interested in?

10 What kind of job are you looking for?

11 What kind of business are you in?

12 What kind of food do you like?

13 Which way should we go?

14 What kind of friend are you?

15 What kind of love is that?

STEP 3 회화 공식으로 영작하기

다음 문장을 영어로 써 보고 다시 한 번 복습해 보세요.

1 오늘 무슨 요일이야?

🖊 ···

2 너 무슨 노래 부르고 있어?

🖊 ···

3 치수가 어떻게 되세요? / 사이즈 몇 입으세요?

🖊 ···

4 너 어떤 프로젝트 하고 있어?

🖊 ···

5 어떤 종류의 경험을 갖고 있나요?

🖊 ···

6 넌 어떤 종류의 카메라를 갖고 있니?

🖊 ···

7 그게 무슨 종류의 논리야? / 그게 무슨 논리야?

🖊 ···

정답 **1** What day is it today? **2** What song are you singing? **3** What size do you wear? **4** What project are you working on? **5** What kind of experience do you have? **6** What kind of camera do you have? **7** What kind of logic is that?

275

'언제'인지 궁금할 때: When 의문문

When do you ~?

When do you + 동사원형?

너 언제 ~해?

언제 출발하는지, 언제 휴가를 가는지 등 특정 시기나 시간이 궁금할 때는 When으로 물어보면 됩니다. 평상시의 일을 물어볼 때는 "When do you+동사원형?"을 쓰고, 과거의 일을 물어볼 때는 "When did you+동사원형?"을 씁니다.

When do you usually have dinner?	넌 보통 언제 저녁을 먹어?
When do you feel stressed?	넌 언제 스트레스 받아?
When do you leave for vacation?	너 휴가 언제 떠나?
When do you get off work?	너 언제 퇴근해?
When do you finish your class?	너 수업 언제 끝나?
When did you get here?	너 언제 여기 왔어?
When did you hear that?	너 그 말 언제 들었어?
When did you move?	너 언제 이사했어?
When did you text me?	너 언제 나한테 문자 보냈어?
When did you first meet him?	너 언제 그를 처음 만났어?

When is ~?

~는 언제야?

생일, 기념일, 쉬는 날 등 각종 때와 날이 많죠? 그런 날이 언제인지 물어볼 때는 When 뒤에 be동사만 붙이면 됩니다. "~는 언제야?"는 "When is ~?", "~는 언제였어?"는 "When was ~?"로 물어보세요. 시제에 맞게 be동사를 is 또는 was로 써 주면 됩니다.

When is **your birthday?**	네 생일이 언제야?
When is **your day off?**	너 쉬는 날이 언제야?
When is **your wedding anniversary?**	네 결혼기념일은 언제니?
When is **the due date?**	만기일이 언제야?
When is **the report due?**	그 보고서 마감이 언제야?
When is **Thanksgiving Day?**	추수감사절이 언제야?
When was **your last check-up?**	너 마지막으로 건강 검진 받은 게 언제였어?
When was **your first love?**	너의 첫사랑은 언제였어?
When was **your last eye exam?**	너 마지막으로 시력 검사 받은 게 언제였어?
When was **your best moment in life?**	인생에서 가장 좋았던 순간은 언제였나요?

 '~에게 문자를 보내다'라고 할 때는 text to처럼 전치사를 쓰지 않고 text만 쓴다는 것에 주의하세요.

플러스 표현으로 실력 향상!

'언제'인지가 궁금하면 When으로 시작하세요. 회화에서 자주 쓰는 표현들을 소리 내어 말하다 보면 쉽게 익힐 수 있어요.

❶ When is good for you? 넌 언제가 좋아?

> 서로 만날 시간을 정하거나 일정을 세울 때, 상대방에게 물어보는 말이에요. "넌 언제가 편해?"라는 뜻으로 "When is convenient for you?"라고 말할 수도 있어요. When is 뒤에 이렇게 형용사가 올 수 있어요.

❷ When do you open/close? 언제 문 여나요/닫나요?

> 우리가 이용하는 상점 및 시설들이 언제 문을 열고 닫는지 영업시간을 물어볼 때 자주 쓰는 말이에요.

❸ Since when do you care about me? 네가 언제부터 나를 신경 썼다고 그래?

> 상대방에게 빈정거리거나 불만을 표하는 뉘앙스의 말이에요. 줄여서 간단하게 "Since when?(언제부터?)"
> 이라고 할 수도 있고, 뒤에 'did you ~?'를 붙여 말하기도 합니다.
>
> **Since when did you become a gym rat?** 네가 언제부터 헬스클럽 붙박이가 됐어?

❹ When are you leaving? 언제 떠날 거야?

> 곧 일어날 가까운 미래는 현재진행형을 이용해서 표현할 수 있어요.
>
> **When are you coming back?** 언제 돌아올 거야?

❺ When can I get the result? 언제 결과를 알 수 있나요?

> "Can I ~?"는 "내가 ~해도 되니?", "내가 ~할 수 있니?"라는 뜻이죠. "언제 ~할 수 있나요?", "언제 ~하면 되나요?"라고 물어볼 때 앞에 When만 붙여서 "When can I ~?"로 말하면 됩니다. "When can I get the result?"는 병원에서 진찰이나 검사 후 물어보는 말이에요.

회화 공식 연습하기

다음 힌트를 참고하여 문장을 영어로 말해 보세요.

😊 힌트

❶ 너 보통 언제 점심을 먹어? — When do you

❷ 넌 언제 행복을 느끼니? — feel happy

❸ 넌 언제 직장을 옮겼어? — switch jobs

❹ 너 휴가 언제 떠나? — leave for vacation

❺ 너 그 말 언제 들었어? — hear that

❻ 너 언제 나에게 전화했어? — call me

❼ 너 언제 뉴욕으로 이사했어? — move to

❽ 넌 언제가 좋아? — good for

❾ 추수감사절이 언제야? — Thanksgiving Day

❿ 네 생일이 언제야? — When is

⓫ 그 보고서 마감이 언제야? — the report due

⓬ 너의 첫사랑은 언제였어? — your first love

⓭ 너 마지막으로 시력 검사 받은 게 언제였어? — your last eye exam

⓮ 언제 문 닫아요? — close

⓯ 네가 언제부터 나를 신경 썼다고 그래? — Since when

정답은 다음 페이지에서 확인하세요. ➜

회화 공식 확인하기

실생활 표현을 확인하며 크게 소리 내어 연습해 보세요.

1. When do you usually have lunch?

2. When do you feel happy?

3. When do you switch jobs?

4. When do you leave for vacation?

5. When did you hear that?

6. When did you call me?

7. When did you move to New York?

8. When is good for you?

9. When is Thanksgiving Day?

10. When is your birthday?

11. When is the report due?

12. When was your first love?

13. When was your last eye exam?

14. When do you close?

15. Since when do you care about me?

다음 문장을 영어로 써 보고 다시 한 번 복습해 보세요.

1 너 언제 퇴근해?

🖋

2 넌 언제 스트레스 받아?

🖋

3 너 언제 그를 처음 만났어?

🖋

4 만기일이 언제야?

🖋

5 인생에서 가장 좋았던 순간은 언제였나요?

🖋

6 언제 결과를 알 수 있나요?

🖋

7 네가 언제부터 헬스클럽 붙박이가 됐어?

🖋

정답 **1** When do you get off work? **2** When do you feel stressed? **3** When did you first meet him?
4 When is the due date? **5** When was your best moment in life? **6** When can I get the result? **7** Since
when did you become a gym rat?

281

'어디'인지 궁금할 때: Where 의문문

Where do you ~?

공식 1

Where do you + 동사원형?

넌 어디에서 ~해?

상대방이 어디에서 일하는지, 어디에서 쇼핑하는지 등이 궁금할 때는 "Where do you ~?"로 물어보면 됩니다. 이미 한 일에 대해 "너 어디에서 ~했어?"라고 물어볼 때는 "Where did you ~?"라고 물어보면 됩니다.

Where do you **live?**	너 어디 살아?
Where do you **work?**	너 어디에서 일해?
Where do you **usually have lunch?**	너 주로 어디에서 점심 먹어?
Where do you **want to go?**	너 어디 가고 싶어?
Where do you **want to go for dinner?**	너 저녁 먹으러 어디로 가고 싶니?
Where did you **hear that?**	너 그 말 어디서 들었어?
Where did you **get it?**	너 그거 어디서 구했어?
Where did you **get your haircut?**	너 어디서 머리 잘랐어?
Where did you **get that information?**	너 그 정보 어디서 얻었어?
Where did you **read that?**	너 그거 어디에서 읽었어?

Where is ~?

~은 어디에 있지?

어떤 장소, 사람, 물건을 찾을 때 "~은 어디에 있지?"라는 말을 자주 하죠. 이 표현은 "Where is ~?"로 간단하게 물어볼 수 있어요. 찾는 대상에 따라 be동사를 알맞게 일치시켜 주세요.

Where is the fitting room?	탈의실은 어디 있나요?
Where is the ticket booth?	매표소는 어디 있나요?
Where is the line?	어디에서 줄 서야 하나요?
Where is the bus stop?	버스 정류장이 어디 있나요?
Where is everyone?	모두들 어디 있지?
Where is Jenny now?	제니는 지금 어디 있어?
Where am I?	여기가 어디지?
Where are you?	너 어디야?
Where are my shoes?	내 신발 어디 있지?
Where are my glasses?	내 안경 어디 있지?

---

 get은 다양한 의미를 나타냅니다. '사다', '구하다', '(어떤 동작을) 받다', '얻다' 등 아주 다양해요. **get**을 활용한 다양한 예문들을 많이 익혀 보는 것이 중요합니다.

플러스 표현으로 실력 향상!

여기가 어딘지, 어디에서 할 수 있는지, 어디까지 이야기했는지, 어디서 지내 왔는지 등을 말하려면 일단 Where로 시작해야 합니다. Where 뒤에 시제와 의미에 맞는 단어들을 연결해서 회화 문장으로 말해 보세요.

❶ Where was I? 내가 어디까지 이야기했지?

> 대화 중에 잠시 끊겼다가 다시 이야기를 시작하는 경우가 있죠? 그때 말하던 것을 잊어버리고 "내가 어디까지 얘기했더라?"라고 말할 때 쓰는 문장이에요. "Where were we?(우리 어디까지 이야기했지?)"라는 표현도 자주 사용해요.

❷ Where can I reach you? 제가 어디로 연락하면 되나요?

> 여기에서 reach는 '~에게 연락하다'라는 뜻이에요. '어디서 하면 되는지' 또는 '어디서 할 수 있는지'를 물어볼 때 "Where can I ~?"로 말하면 됩니다.
>
> **Where can I see you?** 너를 어디서 만날 수 있어?

❸ Where are you going with that dress? 그 옷 입고 어디 가는 거야?

> 평소와 다르게 옷을 잘 차려 입은 상대방에게 쓸 수 있는 말이에요.

❹ Where would you like to have dinner? 저녁을 어디에서 드시겠어요?

> "Where do you want to ~?(어디에서 ~하고 싶어요?)"를 더 공손하고 정중한 느낌으로 말하고 싶을 때 want 대신 would like을 씁니다.

❺ Where have you been? 어디에 있었던 거니?

> 한동안 모습을 보이지 않았던 친구에게 할 수 있는 말이죠. 일정 기간 동안 쭉 없었으므로 과거부터 현재까지 시간의 폭이 느껴지는 현재완료시제를 써서 표현합니다. "어디 갔다 온 거니?", "어디 갔었던 거니?"라는 뜻이에요.

회화 공식 연습하기

다음 힌트를 참고하여 문장을 영어로 말해 보세요.

😊 힌트

1. 너 어디 가고 싶어? — want to go

2. 너 어디에서 일해? — work

3. 넌 어디에서 아이디어를 얻니? — get your ideas

4. 너 그 멋진 재킷 어디서 났어? — that nice jacket

5. 너 퇴근 후에 어디 갔었어? — after work

6. 너 그 말 어디서 들었어? — hear that

7. 너 그거 어디에서 읽었어? — read that

8. 너 머리 어디에서 했어? — get your hair done

9. 가장 가까운 우체국이 어디 있나요? — the nearest post office

10. 지하철역이 어디 있나요? — the subway station

11. 어디에서 줄 서야 하나요? — the line

12. 너 어디야? — you

13. 내가 어디까지 이야기했지? — I

14. 어디로 가시겠어요? — would you like

15. 그걸 어디서 찾을 수 있나요? — find it

정답은 다음 페이지에서 확인하세요. ➡

회화 공식 확인하기

실생활 표현을 확인하며 크게 소리 내어 연습해 보세요.

1 Where do you want to go? ◀))

2 Where do you work? ◀))

3 Where do you get your ideas? ◀))

4 Where did you get that nice jacket? ◀))

5 Where did you go after work? ◀))

6 Where did you hear that? ◀))

7 Where did you read that? ◀))

8 Where did you get your hair done? ◀))

9 Where is the nearest post office? ◀))

10 Where is the subway station? ◀))

11 Where is the line? ◀))

12 Where are you? ◀))

13 Where was I? ◀))

14 Where would you like to go? ◀))

15 Where can I find it? ◀))

다음 문장을 영어로 써 보고 다시 한 번 복습해 보세요.

1 너 주로 어디에서 점심 먹어?

🖊 ....

2 너 그 정보 어디서 얻었어?

🖊 ....

3 너 그거 어디서 구했어?

🖊 ....

4 탈의실은 어디 있나요?

🖊 ....

5 모두들 어디 있지?

🖊 ....

6 어디에 있었던 거니?

🖊 ....

7 제가 어디로 연락하면 되나요?

🖊 ....

정답 **1** Where do you usually have lunch? **2** Where did you get that information? **3** Where did you get it?
4 Where is the fitting room? **5** Where is everyone? **6** Where have you been? **7** Where can I reach you?

'어떻게'인지 궁금할 때: How 의문문 1

How do I ~?

How do I + 동사원형?

난 어떻게 ~하지?

의문사 How의 기본적인 의미는 '어떻게'로, 방법을 물어볼 때 주로 씁니다. 내가 뭘 어떻게 할지 모를 때는 "How do I+동사원형?"으로 질문하면 됩니다. 상대방이 무언가를 어떻게 하는지 물어볼 때는 "How do you+동사원형?"으로 말하면 됩니다.

How do I register for this class?	이 수업에 어떻게 등록하나요?
How do I upload it?	난 어떻게 그걸 업로드하지?
How do I get there?	나 거기에 어떻게 가지?
How do I fix this situation?	이 상황을 어떻게 바로잡지?
How do I reset my password?	내 비밀번호를 어떻게 재설정하지?
How do I know that?	내가 그걸 어떻게 알아?
How do you know so much about me?	너 어떻게 나에 대해 그렇게 많이 알아?
How do you know each other?	너희들 서로 어떻게 아는 거야?
How do you get to work?	너 어떻게 출근해?
How do you feel about this?	너 이것에 대해 어떻게 생각해?

How did you + 동사원형?

넌 어떻게 ~했어?

"너 어떻게 ~했어?"라는 말은 이미 생긴 일, 과거의 일에 대한 질문이므로 "How+did you ~?"
라고 물어보면 됩니다. 상대방이 한 행동에 대해 "너 어떻게 ~할 수 있어?"라고 화내며 따질 때는
"How could you+동사원형?"이라고 말합니다.

How did you do that?	너 그거 어떻게 했어?
How did you know that?	너 그거 어떻게 알았어?
How did you get here?	너 여기 어떻게 왔어? / 뭐 타고 왔어?
How did you handle it?	너 그거 어떻게 처리했어?
How did you get on his nerves?	너 어쩌다 그의 신경을 건드렸어?
How could you do this to me?	너 어떻게 나에게 이럴 수 있어?
How could you forget my birthday?	너 어떻게 내 생일을 잊어버릴 수 있어?
How could you talk behind my back?	너 어떻게 내 뒷담화를 할 수 있어?
How could you say something like that?	너 어떻게 그런 말을 할 수 있어?
How could you be so selfish?	너 어떻게 그렇게 이기적일 수 있어?

 뒤에 덧붙이지 않고 **"How could you!"**라고 말하면 "네가 어떻게 그럴 수 있어!"라는 강한 항의의
어조를 나타낼 수 있어요.

플러스 표현으로 실력 향상!

"How ∼?"로 시작하는 다양한 의문문의 의미와 어순을 이해하고 회화 예문을 소리 내어 말해 보세요.

❶ How do you like it? 그거 어때? / 마음에 들어?

"How do you like ∼?"은 "∼은 마음에 들어?"라고 상대방의 의견을 물어보는 말이에요.

How do you like your new job? 새 직장은 어때요?

❷ How do you like your steak? 스테이크를 어떻게 해 드릴까요?

How do you like 뒤에 steak, egg, coffee, tea 등의 음식 종류가 나오면, "그 음식을 어떻게 만들어 드릴까요?"라는 질문이 됩니다. steak의 경우 굽기의 정도에 따라 rare(핏기가 많고 차가운), medium-rare(겉만 익을 정도로 구운), medium(중간 정도 익힌), medium-well(중간보다 더 익힌), well-done(완전히 익힌)으로 다양하게 선택할 수 있습니다.

❸ How was your day? 너 오늘 하루 어땠어?

"∼는 어땠어?"라고 어떤 상태나 상황을 물어보고 싶을 때 "How was ∼?"를 쓰면 됩니다.

How was your trip to Jeju? 너 제주 여행은 어땠어?

❹ How's it going? 어떻게 지내?

직역하면 "그거 어떻게 가고 있어?"라는 뜻이죠. 상대방의 안부를 묻는 인사말로, '어떻게 지내는지' 또는 '잘 지내는지'를 물어볼 때 자주 씁니다.

❺ How have you been doing? 그동안 어떻게 지냈어요?

'have been -ing'는 과거부터 현재까지 시간의 폭이 느껴지는 '현재완료 진행형'이에요. '그동안'이라는 표현이 따로 없어도 '못 본 사이 어떻게 지내 왔고, 어떻게 지내고 있는지'를 물을 때 자주 쓰는 말이에요.

다음 힌트를 참고하여 문장을 영어로 말해 보세요.

☺ 힌트

1 나 이 문제를 어떻게 풀지?   solve this problem

2 나 공항에 어떻게 가지?   get to the airport

3 나 내 비밀번호를 어떻게 재설정하지?   reset my password

4 너 나에 대해 어떻게 생각해?   feel about me

5 너희들 서로 어떻게 아는 거야?   know each other

6 넌 영어 공부를 어떻게 해?   study English

7 새 직장은 어때?   How do you like

8 커피는 어떻게 드시겠어요?   your coffee

9 너 데이트 어땠어?   your date

10 너 그거 어떻게 알았어?   know that

11 너 내 가방 어떻게 찾았어?   find my bag

12 너 여기 어떻게 왔어?   get here

13 너 어떻게 그런 말을 할 수 있어?   say something like that

14 너 어떻게 그렇게 옹졸할 수가 있어?   so petty

15 너 그걸 어떻게 잊어버릴 수가 있어?   forget that

정답은 다음 페이지에서 확인하세요. ➜

실생활 표현을 확인하며 크게 소리 내어 연습해 보세요.

① How do I solve this problem?

② How do I get to the airport?

③ How do I reset my password?

④ How do you feel about me?

⑤ How do you know each other?

⑥ How do you study English?

⑦ How do you like your new job?

⑧ How do you like your coffee?

⑨ How was your date?

⑩ How did you know that?

⑪ How did you find my bag?

⑫ How did you get here?

⑬ How could you say something like that?

⑭ How could you be so petty?

⑮ How could you forget that?

 회화 공식으로 영작하기

다음 문장을 영어로 써 보고 다시 한 번 복습해 보세요.

1 나 거기에 어떻게 가지?

🖉

2 너 어떻게 출근해?

🖉

3 너 어쩌다 그의 신경을 건드렸어?

🖉

4 너 어떻게 내 뒷담화를 할 수 있어?

🖉

5 그동안 어떻게 지냈어요?

🖉

6 스테이크를 어떻게 해 드릴까요?

🖉

7 너 어떻게 나에게 이럴 수 있어?

🖉

정답 **1** How do I get there? **2** How do you get to work? **3** How did you get on his nerves? **4** How could you talk behind my back? **5** How have you been doing? **6** How do you like your steak? **7** How could you do this to me?

'얼마나'인지 궁금할 때: How 의문문 2

How ~?

공식 1

How + 형용사 ~?

얼마나 ~?

키가 얼마나 큰지, 나이가 몇 살인지, 거리가 얼마나 먼지를 물어보려면 How 뒤에 '정도'를 나타
내는 형용사를 붙이면 됩니다. 이때의 How는 '얼마나'라는 뜻이죠. How tall ~, How old ~,
How far ~, How much ~ 등으로 시작하는 회화 문장을 익혀 보세요.

How tall are you?	너 키가 얼마야?
How tall is he?	그는 키가 얼마나 돼?
How old are you?	너 몇 살이니?
How old is your grandmother?	너희 할머니 연세가 어떻게 되시니?
How far is it to the subway station?	지하철역까지 거리가 얼마나 멀어요?
How far is it from Seoul to Busan?	서울에서 부산까지 거리가 얼마나 돼요?
How deep is the water in the pool?	그 수영장 물은 얼마나 깊나요?
How heavy is the box?	그 상자는 무게가 얼마나 되나요?
How much is the bus fare?	버스 요금이 얼마예요?
How much is the parking fee per hour?	시간당 주차 요금이 얼마예요?

How much/many + 명사 ~?

얼마나 많은 ~?

How much, How many는 '얼마나 많은'이라는 의미를 나타내요. 영어에서는 셀 수 있는 명사와 셀 수 없는 명사를 구분해서 말합니다. How much 뒤에는 water, help, money 등 셀 수 없는 명사가 오고, How many 뒤에는 books, people, bags 등 셀 수 있는 명사의 복수형이 옵니다.

How much **money did you spend today?**	너 오늘 돈을 얼마나 쓴 거야?
How much **help do you need?**	도움이 얼마나 필요한가요?
How much **sleep do you get?**	너는 잠을 얼마나 자니?
How much **time do you spend on social media?**	SNS하는 데 시간을 얼마나 쓰니?
How much **water do you drink a day?**	하루에 물을 얼마나 많이 마셔?
How many **people did you invite to the party?**	그 파티에 사람 몇 명 초대했어?
How many **times did I tell you?**	내가 너한테 몇 번을 말했니?
How many **books do you read a month?**	한 달에 책을 몇 권 읽어?
How many **cups of coffee do you drink a day?**	하루에 커피를 몇 잔 마셔?
How many **languages do you speak?**	넌 몇 가지 언어를 말할 수 있어?

 How much는 '얼마나 많은'이라는 의미와 '(값이) 얼마'라는 의미를 동시에 가지고 있어요. 문맥에 따라 잘 구분해서 이해해야 합니다.

플러스 표현으로 실력 향상!

의문사 How는 뒤에 형용사 또는 부사를 붙여 훨씬 다양한 의문문을 만들 수 있어요. 일상생활에서 자주 쓰는 질문들을 소리 내어 말하면서 익혀 보세요.

① How many hours do you sleep? 넌 잠을 몇 시간 자니?

"잠을 얼마나 자니?"라는 뜻으로 '잠'을 셀 수 없는 명사로 쳐서 "How much sleep do you get?"이라고 할 수 있습니다. 대신에 셀 수 있는 시간의 단위를 넣어 "How many hours do you sleep?"으로 물어볼 수도 있어요.

② How often do you go to the gym? 넌 얼마나 자주 헬스클럽에 가니?

How often은 '얼마나 자주'라는 뜻으로, 어떤 일을 얼마나 자주 하는지 물어볼 때 "How often do you+동사원형?"으로 말하면 됩니다.

　How often do you eat out? 너 얼마나 자주 외식해?

③ How soon can you get home? 너 얼마나 빨리 집에 도착할 수 있어?

How soon은 '얼마나 빨리'라는 뜻이죠. "얼마나 빨리 ~할 수 있어?"라고 약간 재촉하듯 말할 때 "How soon can you+동사원형?"을 자주 씁니다.

　How soon can you get it done? 너 그 일 얼마나 빨리 끝낼 수 있어?

④ How late is the store open? 그 가게는 몇 시까지 영업하지?

How late은 '얼마나 늦게'라는 뜻입니다. 위 문장은 "얼마나 늦은 시간까지 문이 열려 있지?"라는 뜻이므로 "몇 시까지 영업하지?"로 해석하면 됩니다.

　How late is the bank open? 그 은행은 몇 시까지 하죠?

⑤ How fast were you driving? 너 얼마나 빨리 달리고 있었던 거야?

운전하다 속도위반을 한 친구에게 할 수 있는 말이에요. 과거의 순간에 하고 있던 일이므로 be동사의 과거형 were를 사용해서 과거진행형으로 말합니다. How fast는 '얼마나 빠른'이라는 의미입니다.

　How fast can you type? 너 얼마나 빨리 타자 칠 수 있어?

STEP 1 회화 공식 연습하기

다음 힌트를 참고하여 문장을 영어로 말해 보세요.

😊 힌트

1 그 집은 얼마나 커? — How big

2 여기에서 공항까지 얼마나 멀어요? — How far

3 그는 몇 살이지? — How old

4 너 키가 얼마나 돼? — How tall

5 총 얼마예요? — in total

6 학기당 수업료가 얼마예요? — the tuition fee per semester

7 그 수영장 물은 얼마나 깊어? — How deep

8 네 차에다 얼마나 많은 돈을 쓴 거야? — on your car

9 너 하루에 물 얼마나 많이 마셔? — How much water

10 너 인터넷 하는 데 시간을 얼마나 쓰는 거야? — How much time

11 너 하루에 잠을 몇 시간 자니? — How many hours

12 내가 몇 번을 설명해야 하니? — have to explain

13 너 며칠을 쉰 거야? — How many days, take off

14 너 얼마나 자주 외식해? — How often

15 너 얼마나 빨리 여기 도착할 수 있어? — How soon

정답은 다음 페이지에서 확인하세요. ➡

297

실생활 표현을 확인하며 크게 소리 내어 연습해 보세요.

1 How big is the house? ◀))

2 How far is it from here to the airport? ◀))

3 How old is he? ◀))

4 How tall are you? ◀))

5 How much is it in total? ◀))

6 How much is the tuition fee per semester? ◀))

7 How deep is the water in the pool? ◀))

8 How much money did you spend on your car? ◀))

9 How much water do you drink a day? ◀))

10 How much time do you spend on the internet? ◀))

11 How many hours do you sleep a day? ◀))

12 How many times do I have to explain? ◀))

13 How many days did you take off? ◀))

14 How often do you eat out? ◀))

15 How soon can you get here? ◀))

STEP 3 · 회화 공식으로 영작하기

다음 문장을 영어로 써 보고 다시 한 번 복습해 보세요.

① 시간당 주차 요금이 얼마예요?

🖊

② 지하철역까지 거리가 얼마나 멀어요?

🖊

③ 너 얼마나 빨리 타자 칠 수 있어?

🖊

④ SNS하는 데 시간을 얼마나 쓰니?

🖊

⑤ 내가 너한테 몇 번을 말했니?

🖊

⑥ 하루에 커피를 몇 잔 마셔?

🖊

⑦ 너 그 일 얼마나 빨리 끝낼 수 있어?

🖊

정답 ① How much is the parking fee per hour? ② How far is it to the subway station? ③ How fast can you type? ④ How much time do you spend on social media? ⑤ How many times did I tell you? ⑥ How many cups of coffee do you drink a day? ⑦ How soon can you get it done?

299

'얼마나 오래'인지 궁금할 때: How 의문문 3

How long ~?

How long does it take to + 동사원형?
~하는 데 시간이 얼마나 걸려?

어떤 일이 진행되는 데에 시간이 얼마나 걸리는지 자주 물어보죠. 이때 동사 take가 '(시간이) 걸리
다'라는 뜻으로 사용됩니다. "How long does it take to ~?"라고 말합니다. 콕 찍어서 '네가'라
고 물어보려면 "How long does it take you to ~?"로 말하면 됩니다.

How long does it take to **get there?**	거기 가는 데 시간 얼마나 걸려?
How long does it take to **get there by car?**	차로 거기까지 가는 데 얼마나 걸려?
How long does it take to **get to work?**	직장에 가는 데 얼마나 걸려?
How long does it take to **become a doctor?**	의사되는 데에 얼마나 걸려?
How long does it take to **tour the museum?**	그 박물관을 둘러보는 데 얼마나 걸려?
How long does it take to **learn a language?**	언어 하나를 배우는 데 얼마나 걸려?
How long did it take **her** to **get a job?**	그녀가 직장을 구하는 데 얼마나 걸렸어?
How long did it take **you** to **walk here?**	너 여기까지 걸어오는 데 얼마나 걸렸어?
How long will it take **me** to **learn to drive?**	나 운전하는 거 배우는 데 얼마나 걸릴까?
How long will it take **you** to **cook dinner?**	너 저녁 요리하는 데 얼마나 걸릴까?

How long have you p.p.?

얼마나 오래 ~해 왔니? / ~한 지 얼마나 오래됐어?

과거부터 지금까지 해 온 일은 현재완료(have+p.p.)로 말하죠. 어떤 일을 얼마나 오랫동안 해 왔는지 물어볼 때는 "How long have you p.p.?"라고 말합니다. 그 일을 지금도 하고 있는지를 물어보고 싶을 때는 현재완료 진행을 이용해서 "How long have you been -ing?"로 물어봅니다.

How long have you **worked here?**	여기서 일한 지 얼마나 됐어?
How long have you **lived here?**	여기 산 지 얼마나 됐어?
How long have you **known Tom?**	넌 톰을 안 지 얼마나 됐어?
How long have you **had this problem?**	이 문제를 얼마나 갖고 있었나요?
How long have you **been married?**	너 결혼한 지 얼마나 됐지?
How long have you **been in this position?**	이 직책에 있게 된 지 얼마나 됐죠?
How long have you **been studying English?**	너 영어 공부 얼마나 해 오고 있어?
How long have you **been looking for a job?**	너 직장 구한 지 얼마나 됐어?
How long have you **been seeing him?**	너 그를 얼마나 오래 사귀는 중이야?
How long have you **been waiting?**	너 얼마나 오래 기다리는 중이야?

 see someone이라고 하면 '~를 (이성으로) 사귀다'라는 의미로도 쓰입니다.

301

플러스 표현으로 실력 향상!

어딘가에 도착하기까지, 어떤 일을 끝내기까지 시간이 얼마나 걸리는지 물어볼 때도 How long, 어떤 일을 한 지 얼마나 오래되었는지 물어볼 때도 How long으로 시작합니다. 이런 질문에 대한 대답도 익혀서 대화를 할 수 있도록 연습해 보세요.

① It takes 10 minutes to get there by car. 거기 가는 데 차로 10분 걸려.

"How long does it take to ~?"에 대한 대답은 "It takes ~."라고 합니다. "(시간이) ~ 걸려."라는 의미입니다.

It takes an hour. 한 시간 걸려.
It takes 3 hours. 세 시간 걸려.

② It takes about 11 hours to fly from Seoul to LA.
서울에서 LA까지 비행기 타고 약 11시간 걸려.

"How long does it take to fly from Seoul to LA?"에 대한 대답이 될 수 있죠. 이 질문에 대해 더 간단하게 "It takes about 11 hours."라고만 말해도 됩니다.

③ It takes a long time to learn a language. 언어 하나를 배우는 데는 오랜 시간이 걸려.

시간이 오래 걸리는 일들을 말할 때 "It takes a long time."이라고 말해요. 구체적인 시간을 언급하는 대신 "시간이 (꽤) 걸려.", "시간이 좀 걸려."라고 말할 때는 "It takes a while."이라고 해요.

④ It will take me an hour to get home. 나 집에 가는 데 1시간 걸릴 거야.

"It will take me+시간."으로 말하면 "나 (시간)만큼 걸릴 거야."라는 뜻이죠. "How long will it take you to ~?(너 ~하는 데 시간이 얼마나 걸릴까?)"에 대한 대답으로 사용하세요.

⑤ It has been ten years. 10년이 되었어요.

"How long have you been working here?"처럼 어떤 일을 한 지 얼마나 오래됐는지 현재완료시제로 물어보면 위 문장처럼 대답할 수 있어요. 더 다양한 답변을 아래 예문으로 확인하세요.

I've been working here for ten years. 나 10년 동안 여기서 일해 오고 있어요.
It'll be ten years next month. 다음 달이면 10년이 됩니다.

302

다음 힌트를 참고하여 문장을 영어로 말해 보세요.

☺ **힌트**

1. 직장에 가는 데 얼마나 걸려? — get to work

2. 그 보고서 끝내는 데 얼마나 걸려? — finish the report

3. 며칠 걸려. — several days

4. 그 박물관을 둘러보는 데 얼마나 걸려? — tour the museum

5. 2시간 걸립니다. — It takes

6. 너 새 직장 구하는 데 얼마나 걸렸어? — How long did it take

7. 여기서 일한 지 얼마나 됐어? — worked here

8. 이 회사에서 일한 지 얼마나 오래됐어요? — worked for this company

9. 5년 되었어요. — It has been

10. 너 결혼한 지 얼마나 됐지? — been married

11. 다음 달이면 6개월이 돼. — It'll be, next month

12. 이 문제를 얼마나 오래 갖고 있었나요? — had this problem

13. 너 뉴욕에 산 지 얼마나 됐지? — lived in New York

14. 너 직장 구한 거 얼마나 됐어? — looking for a job

15. 너 얼마나 오래 버스를 기다리고 있는 거야? — waiting for the bus

정답은 다음 페이지에서 확인하세요. ➡

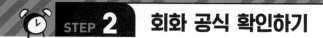

STEP 2 회화 공식 확인하기

실생활 표현을 확인하며 크게 소리 내어 연습해 보세요.

① How long does it take to get to work?

② How long does it take to finish the report?

③ It takes several days.

④ How long does it take to tour the museum?

⑤ It takes two hours.

⑥ How long did it take you to get a new job?

⑦ How long have you worked here?

⑧ How long have you worked for this company?

⑨ It has been five years.

⑩ How long have you been married?

⑪ It'll be six months next month.

⑫ How long have you had this problem?

⑬ How long have you lived in New York?

⑭ How long have you been looking for a job?

⑮ How long have you been waiting for the bus?

STEP 3 — 회화 공식으로 영작하기

다음 문장을 영어로 써 보고 다시 한 번 복습해 보세요.

1 차로 거기까지 가는 데 얼마나 걸려?

/

....

2 의사가 되는 데에 얼마나 걸려?

/

....

3 너 여기까지 걸어오는 데 얼마나 걸렸어?

/

....

4 거기 가는 데 10분 걸려.

/

....

5 넌 그를 안 지 얼마나 됐어?

/

....

6 그를 얼마나 오래 사귀는 중이야?

/

....

7 다음 달이면 10년이 됩니다.

/

....

정답 **1** How long does it take to get there by car? **2** How long does it take to become a doctor?
3 How long did it take you to walk here? **4** It takes 10 minutes to get there. **5** How long have you known him? **6** How long have you been seeing him? **7** It'll be ten years next month.

'왜'인지 궁금할 때: Why 의문문

Why ~?

Why did you + 동사원형?

왜 ~했니?

상대방이 이미 한 일에 대해 왜 그랬는지 이유를 물어볼 때, Why did you 뒤에 구체적인 동사를 붙여 주면 됩니다. 그리고 과거에 했어야 될 일에 "왜 ~ 안 한 거야?"라고 따지듯이 물을 때는 "Why didn't you ~?"로 말하면 됩니다. 의문문에서 did you 또는 didn't you 뒤에 꼭 동사원형을 붙여 주세요.

Why did you **say that?**	너 그 말 왜 했어?
Why did you **do that?**	너 왜 그랬어?
Why did you **drink so much?**	너 술을 왜 그렇게 많이 마셨어?
Why did you **bring that up?**	너 그 이야기는 왜 꺼냈어?
Why did you **stand me up yesterday?**	너 어제 왜 나를 바람맞혔어?
Why didn't you **tell me in the first place?**	너 애초에 왜 나에게 말을 안 했어?
Why didn't you **say anything?**	너 왜 아무 말도 안 했어?
Why didn't you **ask for help?**	너 왜 도움을 청하지 않았어?
Why didn't you **call me?**	너 왜 나한테 전화 안 했어?
Why didn't you **listen to me?**	너 왜 내 말을 안 들었어?

Why are you ~?

너 왜 ~인 거야?

상대방의 상태, 하고 있는 일 등에 대해 왜 그러는지 질문할 때, "Why are you ~?"로 물어봅니다.
상태를 물어볼 때는 뒤에 형용사를 붙이고, 하고 있는 일을 물어볼 때는 -ing를 붙입니다.

Why are you so happy?	너 왜 그렇게 행복하니?
Why are you so cheerful?	너 왜 그렇게 쾌활해?
Why are you so forgetful?	너 왜 그렇게 건망증이 심해?
Why are you so depressed?	너 왜 그렇게 우울하니?
Why are you so slow today?	너 오늘 왜 그렇게 늑장을 부려?
Why are you here now?	너 지금 여기 왜 있는 거야?
Why are you still at the office?	너 왜 아직도 사무실에 있는 거야?
Why are you with them now?	너 왜 지금 그들과 같이 있어?
Why are you doing this to me?	너 나에게 왜 이러는 거야?
Why are you looking at me like that?	너 나를 왜 그렇게 쳐다보는 거야?

 '누군가를 바람맞히다'라고 할 때는 stand someone up이라고 합니다.

플러스 표현으로 실력 향상!

어떤 이유가 궁금하면 의문사 Why를 사용해서 질문을 합니다. 그동안 배운 의문문에 Why
를 연결하면 새로운 질문을 다양하게 말할 수 있어요.

1 Why don't you give it a shot? 한번 시도해 보는 게 어때?

"Why don't you ～?" 하면 말 그대로 "왜 ～안 해?"라고 물어보는 말이 될 수도 있지만, "～하는 게 어때?"
라는 제안, 권유의 의미로도 많이 쓰입니다. 예를 들어, "Why don't we study English?"라고 하면 "우리
왜 영어 공부 안 해?"라기보다 "우리 영어 공부하는 게 어때?" 하고 제안하는 뜻이 더 자연스럽죠.

2 Why don't I pick you up today? 오늘은 내가 차로 너를 데리러 가면 어때?

"Why don't I ～?"도 단어 그대로의 의미로 쓰이기보다 "내가 ～하는 게 어때?"라고 제안하는 의미가 강합
니다. "I'll ～.", "Let me ～."처럼 "내가 ～할게."의 의미로도 쓰입니다.

3 Why are you being so nice to me? 너 왜 이렇게 나에게 잘해 주고 있어?

"Why are you so nice?"는 "넌 왜 그렇게 착해?"라는 뜻으로, 상대방의 성격에 대해 말하는 거예요. 사람
의 성격은 늘 꾸준하고 지속적인 면이 있지만, 태도는 상황에 따라 그렇지 않을 수도 있어요. "왜 그렇게 착하
게 굴고 있니?"라고 상대방이 현재 취하는 태도에 대해 말할 때는 현재진행형으로 씁니다. "Why are you
being so+형용사?"로 표현해서 "Why are you being so nice?"라고 합니다.

4 Why aren't you working? 왜 일 안 하고 있어?

"일 안 하고 뭐하고 있니?"라는 뉘앙스의 말이에요. 당연히 해야 할 일을 안 하고 있을 때 상대방에게 쓸 수 있
는 표현이에요.

   Why aren't you studying? 왜 공부 안 하고 있니?

5 Why should I say sorry? 왜 내가 미안하다고 말해야 해?

"Should I ～?"는 "내가 ～해야 할까?"라는 뜻입니다. 이 앞에 Why만 붙여서 "Why should I ～?"라고 하
면 "왜 내가 ～해야 하는 거야?"라고 하기 싫은 일에 대해 이유를 물어보는 질문이 됩니다.

다음 힌트를 참고하여 문장을 영어로 말해 보세요.

😊 힌트

1 너 왜 그를 혼자 내버려 뒀어? — leave him alone

2 너 왜 그랬어? — do that

3 너 나한테 왜 전화했어? — call me

4 너 왜 그렇게 늦게까지 잠을 안 잤어? — stay up so late

5 너 왜 한 마디 말도 없이 파티를 떠났니? — leave the party

6 너 왜 아무 말도 안 했어? — say anything

7 너 왜 그렇게 네 엄마한테 무례하니? — so rude

8 너 왜 그렇게 건망증이 심해? — so forgetful

9 너 지금 왜 여기 있는 거야? — here now

10 너 그 말 왜 하고 있는 거야? — saying that

11 너 왜 나를 뚫어져라 쳐다보고 있어? — staring at me

12 너 왜 숙제 안 하고 있어? — doing your homework

13 우리 여행 가는 거 어때? — take a trip

14 너 왜 그렇게 유치하게 굴고 있는 거야? — being so childish

15 왜 내가 신경 써야 하는 거야? — care

정답은 다음 페이지에서 확인하세요. ➡

실생활 표현을 확인하며 크게 소리 내어 연습해 보세요.

1. **Why did you leave him alone?**

2. **Why did you do that?**

3. **Why did you call me?**

4. **Why did you stay up so late?**

5. **Why did you leave the party without a word?**

6. **Why didn't you say anything?**

7. **Why are you so rude to your mother?**

8. **Why are you so forgetful?**

9. **Why are you here now?**

10. **Why are you saying that?**

11. **Why are you staring at me?**

12. **Why aren't you doing your homework?**

13. **Why don't we take a trip?**

14. **Why are you being so childish?**

15. **Why should I care?**

STEP 3 회화 공식으로 영작하기

다음 문장을 영어로 써 보고 다시 한 번 복습해 보세요.

① 너 그 이야기는 왜 꺼냈어?

✎ ....

② 너 애초에 왜 나에게 말을 안했어?

✎ ....

③ 너 왜 그렇게 우울하니?

✎ ....

④ 너 나에게 왜 이러는 거야?

✎ ....

⑤ 한번 시도해 보는 게 어때?

✎ ....

⑥ 너 왜 아직도 사무실에 있는 거야?

✎ ....

⑦ 너 왜 이렇게 나에게 잘해 주고 있어?

✎ ....

정답 ❶ Why did you bring that up? ❷ Why didn't you tell me in the first place? ❸ Why are you so depressed? ❹ Why are you doing this to me? ❺ Why don't you give it a shot? ❻ Why are you still at the office? ❼ Why are you being so nice to me?